Edition : BoD – Books on Demand
12/14 rond-point des Champs Élysées, 75008 Paris
Imprimé par Books on Demand GmbH, Norderstedt, Allemagne

ISBN 9782322159185

Dépôt légal : septembre 2019

Adopter SharePoint

sans développer

SharePoint, Ms Teams :

Une gouvernance efficace

| Tome 3 |

Par Frank Poireau

Avant-propos | Je ne suis pas certain d'avoir mis en place une gouvernance efficace

Pourquoi devez-vous vous intéresser à la gouvernance d'une solution SharePoint ?

Pourquoi devez-vous vous intéresser à la gouvernance d'une solution Microsoft Teams, qui a vocation à fonctionner en mode self-service ?

Pour répondre à ces questions, il me faut peut-être clarifier ce qu'est la gouvernance.

La définition de la gouvernance vue par Microsoft a longtemps été la suivante : « la gouvernance est l'ensemble des stratégies, des rôles, des responsabilités et des processus qui sert à guider, orienter et contrôler la façon dont les divisions et les équipes informatiques collaborent pour atteindre leurs objectifs ». Il y a 10 ans, Microsoft accompagnait sa définition par ce tableau en trois colonnes qui présentait trois types de gouvernance :

- La gouvernance « informatique » couvrant le champ de l'infrastructure informatique ne concernera que votre organisation si elle doit maintenir un environnement serveur ou hybride, (SharePoint, SQL et Windows). Les profils des membres de l'équipe en charge de cette partie de la gouvernance sont des ingénieurs spécialistes en infrastructure Serveur et réseaux, à moins que vous n'ayez opté uniquement pour la version SharePoint Online qui tirera le profil de ces ingénieurs vers des expertises administration Azure et Office 365 ;

- La gouvernance des applications concerne la gestion du cycle de vie de l'application. Les membres de l'équipe en charge de cette part de gouvernance sont donc des développeurs informatiques et, par conséquent, si vous avez uniquement opté pour de l'adoption et pas d'adaptation, vous n'aurez quasiment pas de tâches de ce type à effectuer ;

- Enfin, la gouvernance des informations concernait l'architecture de la solution et par conséquent, les tâches dévolues ont pour but de s'assurer de la qualité de l'information et de son accès.

Source : TechNet

Personnellement, j'ai l'habitude de mettre un point final à mes projets en remettant le « mode d'emploi de la solution SharePoint » que j'ai conçue. Il m'arrive également d'être invité à mettre en place la gouvernance d'une solution que je n'ai pas créée ! Cela me fait passer des semaines étranges, durant lesquelles je clique nulle part sur SharePoint !

J'ai ainsi créé ma définition simplifiée de la gouvernance : selon moi, la gouvernance est plus simple à appréhender lorsqu'on la résume à « un ensemble de tâches assignées à une équipe, dans le but de garantir que la solution SharePoint déployée permette effectivement à l'organisation d'atteindre les objectifs visés au moment de la genèse du projet ». Il ressort de cette définition la distinction entre le temps du projet et le temps de l'utilisation effective de la solution. Dans cet ouvrage, nous n'aborderons pas la gouvernance de la phase du projet mais bien celle qui régit la phase d'utilisation : cette gouvernance doit être formalisée dans une collection de 4 plans de la gouvernance décrite par Microsoft, puisque reprenant les 3 domaines de la gouvernance listés par Microsoft (opérationnelle, applicative et fonctionnelle), j'ajoute un plan de gouvernance général, lequel visera à organiser les liaisons entre les 3 plans de gouvernance, au sein d'un organe que je nomme généralement « centre de services SharePoint ».

Ce centre de services SharePoint possède ainsi une gouvernance à 3 têtes :

- Chargé du maintien opérationnel des environnements Server, des aspects infrastructure, réseaux et sécurité, l'administrateur technique du centre de services est le garant de la bonne exécution des tâches en lien avec la gouvernance opérationnelle ;

- Dépositaire de la gouvernance applicative, l'architecte technique du centre de services, en charge de l'organisation technique de la solution, de l'intégration des éventuelles mises à jour, développements SharePoint et de la gestion des produits-tiers ;

- Enfin, responsable de la gouvernance fonctionnelle, le gestionnaire du centre de services, est en quelque sorte, le *Product Owner*, le représentant interne dans votre organisation de votre SharePoint ; il est le référent quant à l'utilisation adéquate entre le produit et les usages ; il gère les relations avec les sponsors des directions Métiers dès les phases de projet, capturant et qualifiant les besoins des Métiers auprès des futurs responsables fonctionnels des solutions déployées sur SharePoint ; possédant un profil plus fonctionnel que technique (les 2 autres interlocuteurs du comité de gouvernance apportant une vision plus fine sur les limites techniques), il préside le comité du centre de services SharePoint.

Garant de la l'efficacité du dispositif général de gouvernance mis en place, ce comité de gouvernance est en charge de l'élaboration et du suivi des différents plans de gouvernance, dont le plan général destiné à être lu par tous les membres de l'équipe de gouvernance SharePoint de l'organisation ainsi que par chaque partie prenante au cycle de vie des solutions SharePoint :

- La mission, la composition et les règles de fonctionnement du comité stratégique du centre de services SharePoint,

- La définition des rôles et responsabilités de chacun, les rôles décrivant la façon dont chaque acteur de la gouvernance, en tant qu'individu et membre d'un rôle ou d'un groupe, est responsable quant au succès de la solution : la documentation des rôles et des responsabilités est un aspect essentiel de chaque plan de gouvernance.

Ensuite, pour chaque solution SharePoint déployée, chaque domaine de gouvernance possède son propre plan dans lequel est décrit chaque rôle, c'est-à-dire les responsabilités et les tâches attribuées, pour chaque environnement (production de développement, de test, de préproduction, le cas échéant...).

Ensuite, il est indispensable que chaque application possède son responsable fonctionnel, le responsable de l'application (en anglais, l'*Application Owner*). Lors du déroulement de la phase de projet (les étapes de *Design* et de *Build*), le responsable de l'application représente les intérêts des utilisateurs-clés lors des ateliers de conception/co-construction et est, normalement, l'interlocuteur unique représentant les utilisateurs et les usages attendus.

En phase de *Run* (projet livré et en phase d'utilisation effective), SharePoint est une solution qui peut s'administrer, au niveau du site, en « libre-service », i.e. par le propriétaire de site qui possède le niveau d'autorisations « Contrôle total ». Nous verrons que c'est le parti pris de Microsoft dans son paramétrage par défaut. En termes de gestion de risque, votre réalité peut appeler une situation différente, l'*Application Owner* continuant dans la réalité d'assurer l'interface avec le *Product Owner* au sujet des opérations de maintenance évolutives.

Autant en phase de projet de construction d'une solution, je privilégie des approches Agile basées sur des ateliers de co-construction lors desquels les utilisateurs adopteront SharePoint avant de l'adapter, autant, dès la phase d'utilisation de la solution (la phase *Run* commence dès le lancement, la « mise en production »), les actions nécessaires pour maintenir la solution sur les rails vont ériger une organisation tirée de l'ITIL, documentée et encadrée par des rôles et des actions bien définis liant les 3 pans de la gouvernance. Ces plans de gouvernance sont synthétisés dans des tableaux décrivant les responsabilités des parties prenantes, leur rôle (je détaille, en conclusion, le type de tableau que j'ai finalement adopté pour synthétiser ces informations). L'identification de ces rôles, déterminés par les tâches qui leur sont attribuées, permettra de déduire les autorisations SharePoint que l'on attribuera aux différents types d'utilisateur. Même si Microsoft propose un outil qui fonctionne sur des rôles d'administration prédéfinis, on veillera à assigner les justes niveaux d'autorisation aux parties prenantes, sur base des règles de fonctionnement tirées de notre propre gouvernance.

Enfin, cette documentation de référence comporte l'indispensable volet d'accompagnement (information, formation initiale et continue) pour pallier les risques d'échec. Les risques d'échec tiennent, en effet, en premier lieu, à un manque d'application de la politique de gouvernance dû à :

- Une mauvaise communication concernant l'utilisation de ces plans,
- Une absence d'actualisation des plans.

Si vous ne voulez pas tout jeter au bout de quelques années, refaire la même erreur sur un nouveau projet, sur la même technologie ou sur une nouvelle, évitez que ce travail de rédaction de cet indispensable livrable documentaire soit oublié. Pour qu'il reste pratique et opérationnel, le plan de gouvernance est amené à évoluer, à être mis à jour et à être republié également tout au long de la vie du projet, quand bien même il aura été formalisé dès la phase « Projet » et validé au début de la phase « Run ». L'identification des rôles et la remise de la documentation de référence ne suffiront pas, seules, à atteindre les objectifs opérationnels que l'on s'est assignés. Quelques mois après le début de l'utilisation, vous pouvez tomber dans de nouveaux écueils :

- Des parties prenantes ne se conforment pas à l'attribution des rôles,
- Le management ne démontre plus un soutien suffisant au projet initial.

L'établissement d'une gouvernance doit être accompagné d'une animation :

- Dont la responsabilité incombe au comité de gouvernance,
- Particulièrement à destination des personnes en charge de la gouvernance fonctionnelle.

C'est l'appropriation réelle de la gouvernance par le côté fonctionnel qui va constituer l'élément clé dans l'adoption finale et l'évaluation du retour sur investissement (*ROI* en anglais) réellement atteint, sera à rapprocher des objectifs visés au moment de la validation du projet SharePoint du nouvel intranet, de l'introduction de nouveaux usages collaboratifs ou la mise en place d'un Digital WorkSpace numérique intégré...

Le gourou de la gouvernance SharePoint n'existe pas

Étant donné la grande diversité des 3 univers que couvrent chacun des pans de la gouvernance, j'ai coutume de dire et d'écrire qu'un seul consultant ne peut être seul en charge de la définition de toute cette organisation de tâches et de rôles.

Pour garantir une parfaite coordination de la production de ces livrables, personnellement, je tiens à garder sous ma responsabilité l'écriture du plan de gouvernance générale et du plan de gouvernance fonctionnelle, élément primordial malheureusement, dont on sous-estime trop souvent l'importance.

Du fait de mes expériences antérieures à SharePoint et le type de mission SharePoint que j'ai conduit, j'ai surtout développé la partie que Microsoft appelait « gouvernance des informations » pour évoquer aujourd'hui l'indispensable champ de la « gouvernance fonctionnelle » d'une solution SharePoint.

La raison est que je me suis aperçu qu'après la phase de conception et de mise en place d'un projet, la partie « fonctionnelle » devenait le parent pauvre de la gouvernance à un point tel qu'il pouvait parfois remettre en cause le projet dans les années suivant sa livraison !

Avec l'adoption massive de la solution Office 365, le champ de la gouvernance fonctionnelle est devenu d'autant plus sensible car une approche visant à importer dans l'organisation, des copies d'outils grand public avec un niveau de gouvernance non adapté au monde des organisations, cela ne fonctionne pas bien longtemps…

Je vais donc aborder, dans ce tome 3, l'organisation et les fonctionnalités permettant de garantir un haut niveau de gouvernance fonctionnelle dans notre Digital WorkSpace .

La gouvernance fonctionnelle

Les 4 piliers de la gouvernance fonctionnelle

Le sujet traité dans ce livre sera essentiellement la gouvernance fonctionnelle d'une solution SharePoint en phase de « Run », c'est-à-dire lorsque le projet a été livré et est donc « sur les rails ». De façon concrète, je vous propose de voir quels sont les champs et les rôles liés à la gouvernance fonctionnelle dans SharePoint pour être certain que la solution « fonctionne correctement » et permette à l'organisation les objectifs visés lors de la phase « projet ».

Les champs de la gouvernance fonctionnelle dans SharePoint sont, selon moi, au nombre de 4. Ils reprennent la logique de conception définie au cours de la phase de construction de la solution (*Build* en anglais) : ainsi, j'ai appelé, ces champs, les piliers de la gouvernance, pour rappeler sur quels éléments de base est bâtie la solution. L'architecture d'une solution SharePoint repose sur les 4 ensembles de paramètres suivants :

- Les paramètres de collaboration, de publication, éventuellement d'archivage et de suppression des informations gérées (vus dans le chapitre 3 du tome 1) ;

- Les paramètres de classification de ces informations au travers des métadonnées et des types de contenu (vus dans le chapitre 4 du tome 1), de manière à les retrouver au travers des expériences de recherche classiques (vues dans le chapitre 5 du tome 1) et modernes (chapitre 9 du tome 2) ;

- La détermination des groupes d'utilisateurs et de leur niveau d'autorisations au regard des paramètres de collaboration, de classification, de publication, d'archivage et de suppression, que je vais exposer ci-après ;

- Enfin, l'utilisation de la fonctionnalité des audiences de publication.

Les deux premiers points listés ci-avant concernent ainsi la gouvernance des contenus, tandis que les deux derniers points concernent la gouvernance des utilisateurs.

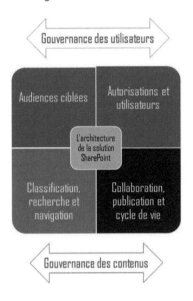

Après cette section d'introduction à la gouvernance fonctionnelle, j'ai décidé d'organiser ainsi ce livre en deux sections principales :

- La gouvernance des utilisateurs,
- La gouvernance des contenus.

Ces deux sections vous permettront d'identifier les actions et les rôles qui en découlent, impliqués dans la bonne gouvernance d'une solution SharePoint en cours d'utilisation, en n'oubliant d'indiquer ni les différences entre le monde Serveur et Online et celles qui existent entre le monde du SharePoint classique et celui du monde « Modern » !

Avant cela, je vous présente les rôles d'administrateur fonctionnel qui existent, par défaut, dans les solutions SharePoint, impliqués dans la bonne gouvernance des utilisateurs et de leurs contenus.

LES RÔLES D'ADMINISTRATEUR FONCTIONNEL

Pour structurer mon propos et toute la démarche que je déploie, je cite 4 sous-domaines de la gouvernance fonctionnelle, répartis comme suit :

- À l'intérieur du domaine de la gouvernance des utilisateurs,

  - ✓ Les utilisateurs et leurs autorisations,

  - ✓ Les profils utilisateurs et les audiences ciblées,

- À l'intérieur du domaine de la gouvernance des contenus,

  - ✓ La classification, la navigation et la recherche,

  - ✓ La collaboration, la publication et le cycle de vie des contenus.

En face de ces sous-domaines, votre organisation va devoir distribuer les différents rôles d'administrateurs SharePoint :

- L'administrateur Office 365, dont le rôle n'a pas d'équivalent en environnement serveur (dans une certaine mesure, le gestionnaire de l'annuaire d'entreprise « Active Directory ») ;

- L'administrateur SharePoint Online (environnement Cloud sur Office 365) ou de batterie de serveur (environnement serveur ou Cloud sur Azure) ;

- L'administrateur de collection de sites dont le rôle existe en environnement Online et en environnement SharePoint serveur.

Ces 3 rôles sont ainsi impliqués dans la gouvernance fonctionnelle, parfois en renfort de certains rôles d'utilisateurs ; vous pourrez distribuer ces différents rôles à différentes personnes comme vous pourrez décider de cumuler tous ces rôles sur les épaules d'une seule personne. Néanmoins, cette personne devra accéder aux différentes pages d'administration pour réaliser les tâches des 4 familles de gouvernance fonctionnelle.

Automatiser avec PowerShell	Ce livre a été pensé pour se mettre au service d'utilisateurs pour développer une vision de ce que peut apporter SharePoint et adopter les fonctionnalités avancées avant d'envisager tout développement complémentaire, en matière de paramétrage en rapport avec la gouvernance. Pour assurer la gouvernance, Microsoft a prévu un langage informatique appelé PowerShell, lequel a vocation à vous accompagner dans la gouvernance de la solution : initialement langage de programmation, il permet d'écrire des lignes de commande ou des scripts pour interagir avec Windows, Windows Server, Exchange mais également, dans notre cas, avec SharePoint serveur et SharePoint Online.

Pour se former : https ://docs.microsoft.com/fr-fr/powershell/sharepoint/

L'administrateur de collection de sites

Sur la page « Paramètres de site », si vous voyez la section « Administration de la collection de sites », c'est que vous faites partie des administrateurs de collection de sites. Ce type d'utilisateur est particulier puisqu'il est le seul à accéder au menu d'administration de la collection de sites et possède ainsi un niveau d'autorisations au-dessus de la gestion « normale » des autorisations. Il est d'ailleurs recommandé en termes de gouvernance qu'au moins deux comptes utilisateur soient utilisés pour chaque collection de sites mais les choses sont facilitées sur Office 365 : sur Office 365, posséder le rôle « Administrateur SharePoint » fait que vous êtes automatiquement incorporés dans le groupe « SharePoint Service Administrator », tandis que « Company Administrator » regroupe les « Administrateurs du Tenant Office 365 ».

Administration de la collection de sites
Corbeille
Origines des résultats de la recherche
Types de résultats de recherche
Règles de requête de recherche
Schéma de recherche
Paramètres de recherche
Importation de la configuration de recherche
Exportation de la configuration de recherche
Fonctionnalités de la collection de sites
Hiérarchie des sites
Navigation dans la collection de sites
Paramètres d'optimisation du moteur de recherche
Paramètres d'audit de la collection de sites
Rapports du journal d'audit
Connexion au site portail
Modèles de stratégie de type de contenu
Métriques de stockage
Autorisations des applications de la collection d sites
Paramètres de déclaration des enregistrements
Stratégies de site
Publication de type de contenu
Rapports de popularité et de recherche
Paramètres des variantes
Étiquettes de variante
Journaux de variante
Emplacements de navigateur de contenu suggérés
Paramètres d'ID de document
Sécurité des champs HTML

ations › Administrateurs de collections de site:

Administrateurs de collection de sites
L'administrateur d'une collection de sites dispose du contrôle total sur tous les sites web de la collection de sites. Il peut aussi recevoir les messages de confirmation de l'utilisation d'un site. Entrez les noms des utilisateurs, en les séparant par un point-virgule.

Company Administrator x   Frank POIREAU x
SharePoint Service Administrator x |

Vous devez considérer que l'administrateur de collections de sites est « au-dessus » des groupes utilisateurs et des niveaux d'autorisations. C'est lui qui détermine la gouvernance initiale des utilisateurs en définissant les niveaux d'autorisations et la composition des premiers groupes d'utilisateurs sur le site parent à qui il leur associe un niveau d'autorisations. Il est parfois décidé qu'il appartient à certains utilisateurs qualifiés de gérer les autorisations, par la suite, en lieu et place des services informatiques mais, dans le cas contraire, c'est souvent l'administrateur de collections de sites qui continue de gérer les utilisateurs au cours de la vie de la solution. L'administrateur de collections de sites va continuer à les accompagner avec généralement le rôle de support à l'utilisateur pour ces 2 raisons :

- Il accède à toutes les données et même à toutes les corbeilles à l'instar d'un concierge d'un immeuble qui posséderait toutes les clés de tous les appartements et de tous les meubles ;
- Il est en mesure d'endosser de façon temporaire les différents rôles utilisateur car omnipotent, il est au-dessus des autorisations accordées aux utilisateurs.

Son rôle pourrait s'apparenter à des tâches classiques de Help Desk mais pas uniquement. Il n'est pas rare que ce rôle puisse être partagé entre plusieurs équipes lors de phase de *Build* mais également lors de la phase de *Run* car il est le seul à :

- Gérer les fonctionnalités de collection de sites ; qu'il est utile d'activer dans les étapes de conception de solution, durant une phase de projet, comme par exemple, l'activation des flux de travail, des paramètres de déclaration des enregistrements... ce qui correspond au type de gouvernance applicative ;
- Accéder à l'historique des actions réalisées par les utilisateurs ou les concepteurs (à l'aide des rapports d'audit) ;
- Suivre l'activité au niveau de la collection de sites, des sites, des bibliothèques et des pages (au travers des « Web Analytics ») ;
- Suivre l'utilisation de la solution (au travers des rapports de recherche et des stratégies de site.

L'administrateur de collection de sites paraît par conséquent pleinement engagé dans les gouvernances des utilisateurs et des contenus mais, paradoxalement, la règle de conception de solution « Modern » pour les sites de communication et d'équipe « Modern », privilégiant 1 collection de sites par groupe de travail, tend à réduire leur rôle au détriment des 2 rôles d'administrateur suivants.

Le rôle de l'administrateur SharePoint Online et l'administrateur du serveur SharePoint

Sur Online, le rôle de l'administrateur de la console SharePoint n'est pas équivalent à celui de l'environnement Serveur car il n'accède qu'à une partie réduite des fonctionnalités d'administration du serveur SharePoint : la raison est que les serveurs SharePoint sont mutualisés entre les « locataires » de « Tenant » Office 365.

Un administrateur SharePoint Online n'aura pas, par conséquent, à administrer le Serveur SharePoint, ce qui représente l'avantage principal du choix du « Cloud Office 365 » en évitant de devoir réaliser les tâches de gouvernance en maintien en condition opérationnelle.

SharePoint Serveur sur le Cloud Azure	Il est possible d'installer et d'administrer un serveur SharePoint sur le Cloud (sur Azure, entre autres) mais, dans ce cas, vous ne disposerez pas des facilités d'administration offertes par Office 365.

L'administrateur SharePoint Online n'accède donc pas à toutes les fonctionnalités d'administration Serveur de SharePoint : parmi les fonctionnalités communes, les administrateurs Serveur et OneDrive gèrent de façon indissociée le centre d'administration SharePoint et le centre d'administration de OneDrive, alors que Ms Teams possède son rôle d'administration sur le centre d'administration Office 365.

Dans cet environnement Online, l'administrateur SharePoint possède néanmoins des fonctionnalités propres à l'environnement Online, pour gérer spécifiquement les accès externes.

Les fonctionnalités qui figurent sur les consoles d'administration SharePoint Online et Serveur font que ces administrateurs possèdent un rôle en rapport avec la gouvernance des utilisateurs et des contenus. Actuellement, il n'y a pas de granularité possible qui viendrait à partager, pour des raisons d'ordre « Métier », le rôle d'administrateur SharePoint entre plusieurs personnes. Quelle personne ou quel groupe de personnes va hériter de ce rôle dans votre organisation ?

Les administrateurs SharePoint sont les dépositaires de la gouvernance des « contenants des contenus », i.e. ils sont associés à la création, à la suppression des plus gros containers d'information SharePoint que sont les collections de sites.

Ils accèdent aussi à certaines fonctionnalités qui s'administrent au niveau du serveur : ils vont ainsi devoir travailler avec des collaborateurs en charge des connexions de données, de la gestion des métadonnées, de la maintenance du schéma de recherche tout au long de la vie de la solution : le Knowledge Manager, l'archiviste d'entreprise, le responsable de la Compliance et le petit dernier « le DPO », autant de personnes en charge de la gouvernance des contenus que l'on pourrait trouver impliquées comme administrateur fonctionnel de la solution de recherche déployée.

SharePoint possède des fonctionnalités de réseau social avec l'existence de profils utilisateurs : les administrateurs SharePoint vont donc être impliqués dans la définition des champs de profil utilisateur en relation avec un représentant des ressources humaines, aussi bien en phase Projet qu'en phase de *Run*.

Je vais maintenant faire un rapide tour d'horizon du rôle d'administrateur SharePoint en vous présentant la console SharePoint Online qui est plus simple, car centrée sur la gouvernance fonctionnelle et applicative.

Ce qui est moins simple sur Online, c'est qu'actuellement, l'administrateur SharePoint possède deux consoles d'administration SharePoint car, comme pour ses solutions SharePoint, nous vivons la cohabitation d'une expérience « Modern » à côté de l'expérience classique.

Depuis 2016, le centre d'administration SharePoint Online se voit enrichi progressivement d'un second ensemble de pages d'administration, appelé « nouveau Centre d'administration ».

Ce nouveau centre correspond, ni plus ni moins, à l'expérience « Modern » du centre d'administration « classique ». Comme pour l'expérience utilisateur de SharePoint « Modern », il n'y a pas photo : l'expérience « Modern » du centre d'administration dispose d'une interface plus raffinée et possède aussi de nouvelles fonctionnalités par rapport à l'expérience classique, comme la possibilité de consulter des statistiques d'utilisation.

Contrairement aux expériences utilisateur dans SharePoint, l'expérience « Modern », en mars 2019, manque encore d'une trop grande partie des fonctionnalités de l'expérience du centre d'administration classique et, d'un autre côté, vous ne pourrez pas, non plus, vous passer de l'expérience « Modern » car elle est la seule à vous présenter la liste complète des collections de site déployées, alors que le centre classique, plus complet, ne liste que les collections de sites... classiques.

Le centre d'administration classique

Quoique limitée par rapport à le centre d'administration Serveur, il n'en demeure pas moins que le centre d'administration SharePoint classique est le plus proche des deux centres Online.

Les fonctionnalités de l'administration SharePoint Online classiques partagées se résument dans la barre de navigation de gauche comme suit.

LA PAGE « COLLECTIONS DE SITES »

La page « Collections de sites » permet de créer, paramétrer et supprimer les collections de sites (présentation détaillée consacrée ci-après à « la gouvernance des contenus » car elle est importante dans le cadre de la gouvernance de la solution).

LA PAGE « INFOPATH »

La page « InfoPath » permet d'activer InfoPath Forms Services mais Microsoft l'ayant déclassé en 2015 de l'édition SharePoint Online, InfoPath n'est donc plus pris en charge.

LA PAGE « PROFILS UTILISATEURS »

La page « Profils utilisateurs » permet de gérer bon nombre de fonctionnalités que l'on trouve sur le serveur SharePoint (présentation détaillée consacrée ci-après à « la gouvernance des utilisateurs » car elle est importante dans le cadre de la gouvernance de la solution).

LA PAGE « BCS »

La page « BCS » permet d'accéder à des pages de définition et de gestion du cadre de connexion externe de type BDC et service OData, types de connecteurs toujours pertinents mais largement éclipsés par le cadre de connecteurs Office 365 vers les services Cloud visibles depuis Ms Teams et Flow.

LA PAGE « MAGASIN DE TERMES »

La page « Magasin de termes » permet d'accéder au magasin de termes, au niveau du serveur, c'est-à-dire au-dessus des différentes collections de site (présentation détaillée consacrée ci-après à « la gouvernance des utilisateurs » car elle est importante dans le cadre de la gouvernance de la solution).

LA PAGE « GESTION DES ENREGISTREMENTS »

La page « Gestion des enregistrements » permet d'accéder à une page de configuration de connexion vers une ou plusieurs collections d'archivage, donc de sites de type Centre des enregistrements. Cette page est par conséquent plutôt utilisée dans le cadre de scénario de construction (phase de *Build*) et ne sera pas détaillée ci-après (la gouvernance en phase de *Run* est ici notre sujet).

LA PAGE « RECHERCHE »

La page « Recherche » permet d'accéder à un ensemble de pages de configuration de la recherche au niveau du serveur, au-dessus donc des collections de site. Contrairement à ce que l'on pourrait imaginer, la bonne gouvernance de la solution de recherche SharePoint amènera tout naturellement à venir régulièrement apporter des ajustements qui complèteront les facultés de machine apprenante du moteur de recherche de SharePoint (une partie des fonctionnalités sera détaillée, consacrée ci-après à « la gouvernance des contenus » car elle est importante dans le cadre de la gouvernance de la solution)[1].

LA PAGE « BANQUE D'INFORMATIONS »

La page « Banque d'informations » sécurisée liste les connexions externes, les champs d'informations et d'identification et, les noms des administrateurs et des membres.

---

[1] *Cf.* Tome 1 de « Adopter SharePoint sans développer », chapitre 5, page 256.

La page « Applications »

La page « Applications » permet de gérer vos propres applications, dans un magasin d'APP qui sera propre à votre « Tenant » ; au lieu d'offrir la possibilité d'ajouter des APPs dans le contenu du site sans contrôle, la page « Applications » permet de lister les demandes d'accès à votre magasin et de conditionner la distribution des APPs qui y sont gérées (cette page ne sera donc pas détaillée ci-après).

La page « Partage »

La page « Partage » permet de définir les options par défaut de partage de toutes les collections de sites avec les utilisateurs externes (présentation détaillée consacrée ci-après à « la gouvernance des utilisateurs » car elle est importante dans le cadre de la gouvernance de la solution).

La page « Paramètres »

La page « Paramètres » est une des pages les plus importantes dans la configuration de l'ensemble des collections de sites en phase de *Build* ; en effet, elle permet d'activer la présence de SharePoint, de OneDrive, de Yammer et de Delve (Office Graph) dans le lanceur d'applications, de déterminer le type de gestion de stockage de collection de sites (manuelle ou automatique), d'afficher ou de masquer le bouton de synchronisation dans OneDrive, de forcer l'expérience classique ou « Modern » des OneDrive, des sites SharePoint et du centre d'administration SharePoint Online, d'activer ou non les fonctionnalités d'aperçu. Cette page est intéressante aussi en phase de « Run » car un ensemble de fonctionnalités concernant les autorisations des utilisateurs est à prendre en compte dans la gouvernance des utilisateurs (présentation détaillée consacrée ci-après à « la gouvernance des utilisateurs » car elle est importante dans le cadre de la gouvernance de la solution).

La page « Configurer l'environnement hybride »

La page « Configurer l'environnement hybride » possède un intitulé très clair et va, par conséquent, servir aux ingénieurs en charge de l'infrastructure SharePoint Serveur de configurer leurs environnements Serveur et Online pour les faire fonctionner en mode hybride (cette page ne sera donc pas détaillée ci-après).

La page « Contrôle de l'accès »

La page « Contrôle de l'accès » permet de restreindre l'accès en fonction de l'appareil ou de l'emplacement réseau. Ces paramètres s'appliquent au contenu chargé dans SharePoint, OneDrive et *via* les groupes Office 365 font l'objet d'une présentation détaillée consacrée ci-après à « la gouvernance des utilisateurs » car elle est importante dans le cadre de la gouvernance de la solution. Je vous recommande plutôt la page « Contrôle de l'accès » déployée dans le centre d'administration « Modern » car elle est plus riche fonctionnellement parlant que son équivalent en page classique.

La page « Migration des données »

La page « Migration des données » n'a longtemps été qu'un lien vers une page publiée sur le site Microsoft Docs mais depuis mars 2019, Microsoft met désormais à disposition un tout nouvel outil vous accompagnant dans la migration de documents de SharePoint serveur vers SharePoint Online.

Le centre d'administration « Modern »

Conforme au nouveau code visuel de l'expérience « Modern », cette version de la console permet de visualiser les types de collection de sites classiques et « Modern » et de les administrer au travers de 10 pages (actuellement – toutes les fonctionnalités de paramétrages ne sont pas encore disponibles dans la console « Modern » ; un bouton [Version classique] permet d'y revenir) :

- La page « Accueil » contient des Web Analytics d'utilisation SharePoint, OneDrive et Ms Teams jusqu'à 180 jours en arrière ;

- La page « Sites » contient la liste (exportable) des sites actifs et supprimés, conservés 93 jours ;

- La page « Stratégies » contient les paramètres de contrôle d'accès SharePoint et OneDrive, « Déconnexion de session pour cause d'inactivité », « Autoriser l'accès uniquement à partir de plages d'adresses IP spécifiques » (...) ;

- La page « Paramètres » permet d'activer :
    - ✓ L'expérience « Modern » dans les listes et bibliothèques,
    - ✓ Les notifications d'applications mobiles Office relatives aux actualités et à l'activité des fichiers,
    - ✓ Les quotas de stockage spécifiques pour chaque site (par défaut, limité à 25 To, soit le maximum),
    - ✓ L'expérience « Modern » dans le centre d'administration SharePoint Online,
    - ✓ Les options de création des sites d'équipes sous /sites/ ou Ms Teams pour les utilisateurs avec la configuration du fuseau horaire par défaut.

- La page « Fonctionnalités classiques », preuve que toutes les fonctionnalités ne sont pas encore toutes présentes dans ce centre « Modern ».

L'administrateur Office 365 (uniquement sur Office 365)

Comme présenté sur la page précédente, le rôle d'administrateur Office 365 n'a pas d'équivalent en environnement Serveur (dans une certaine mesure, le gestionnaire de l'annuaire d'entreprise « Active Directory »). Concernant le sujet de la gouvernance, il accède au centre d'administration Office 365 et au centre Sécurité et Conformité.

Le centre d'administration Office 365

Si vous avez créé, personnellement, un « Tenant » sur Office 365, i.e. souscrit à un abonnement englobant tout ou partie de la suite Office 365 (SharePoint, Exchange, Ms Teams, Office, Dynamics, Power BI...), vous possédez automatiquement le rôle d'administrateur général, avec tous les droits et toutes les fonctionnalités d'administration. Parmi les nouveautés 2018, l'administrateur général peut assigner des rôles d'administration à des utilisateurs avec une granularité de plus en plus fine. Ainsi, parmi la longue liste des rôles possibles d'administration Office 365, en plus de l'administrateur SharePoint, d'autres rôles, que vous allez pouvoir distribuer et panacher entre plusieurs personnes, sont impliqués directement dans la gouvernance de votre solution SharePoint :

- L'administrateur de gestion des utilisateurs, qui crée, modifie et supprime les utilisateurs accédant au « Tenant » (sachant que votre « Plan » d'abonnement Office 365 peut inclure Azure Active Directory) ; depuis 2015, il est possible de créer des Office Groupes depuis la console d'Office 365, les remplaçants des boîtes aux lettres de site dans les environnements SharePoint et Exchange Serveur ;

- L'administrateur de support technique, impliqué dans la gestion des mots de passe utilisateurs ;

- L'administrateur des licences, pour attribuer ou retirer des licences, SharePoint, Ms Teams ou Power BI, dans notre cas.

Les fonctionnalités associées à ces rôles sont ainsi liées à la gouvernance des utilisateurs SharePoint.

Le centre Sécurité et Conformité d'Office 365

L'administrateur général d'Office 365 accède également à un ensemble de pages d'administration appelé « Centre Sécurité et conformité », dédié à la configuration de fonctionnalités de traitement pour votre Tenant Office 365 mais également pour Yammer, Box, DropBox, Facebook, LinkedIn, Twitter, Yahoo Messenger, GoogleTalk, Cisco Jabber, Salesforce Chat, Bloomberg et Thomson Reuters. Malheureusement, le centre Sécurité et Conformité ne fonctionne pas sur votre environnement SharePoint Serveur si vous êtes en configuration hybride mais vous pouvez vous adjoindre un possible logiciel tiers ou utiliser les modèles de site « eDiscovery » (depuis SharePoint 2013), « Centre de conformité » et « Centre de conservation inaltérable » (depuis SharePoint 2916) pour reproduire une partie des fonctionnalités du Centre Sécurité et Conformité d'Office 365.

Les administrateurs de la gouvernance possèdent là un véritable assistant inspiré des fonctionnalités d'Exchange auxquelles Microsoft a joint la puissance du moteur de recherche de SharePoint.

Ce centre est arrivé à maturité quelques mois avant la fin du délai de mise en application du Règlement général de protection des données (GDPR/RGPD), le 25 mai 2018 dans l'Union européenne. Pour autant, Microsoft ne s'est pas focalisé sur la conformité à cette réglementation et présente une liste imposante de certifications (ISO 27001, ISO 27018, SSAE16 SOC 1 et SOC 2, HIPAA et EU Model Clauses (EUMC)), des organismes indépendants effectuant régulièrement des interventions de contrôle.

Le centre Sécurité et Conformité d'Office 365 continue de s'enrichir graduellement mais certaines nouveautés ne concernent que certains plans de facturation à partir de E3 voire uniquement pour E5.

Enfin, comme pour le centre d'administration Office 365, l'administrateur général va pouvoir déléguer la gestion de toutes ses fonctionnalités à travers des rôles spécifiques impliqués dans la gouvernance des contenus sur SharePoint mais également sur Ms Teams et Exchange.

La gouvernance des utilisateurs

La gouvernance des utilisateurs tout au long de la vie de la solution est évidemment indispensable.

Comme SharePoint est un progiciel et va être utilisé simultanément par plusieurs utilisateurs, il possède également un puissant système de gestion des utilisateurs. Ce qui différencie une organisation de travail SharePoint de celle que vous connaissez avec des serveurs de fichiers, c'est que la gestion des utilisateurs dans SharePoint peut être déléguée aux utilisateurs eux-mêmes, en conformité avec les règles de l'organisation. Décharger les services informatiques de la gestion fine des droits d'accès des répertoires et des fichiers peut également s'accompagner de la délégation de l'accès à la corbeille qui peut générer tant d'actions de support informatique en environnement « serveur de fichiers » ou de frustration utilisateur. Bien entendu, vos collaborateurs en charge des problématiques de sécurité informatique et de confidentialité des données seront vigilants à vérifier que ces utilisateurs disposent de suffisamment « d'autorisations mais pas de trop », bref à trouver l'équilibre pour aider les personnels informatiques à mettre en place une gestion en mode self-service tout en évitant que les utilisateurs puissent faire ce qu'ils veulent sans contrôle.

La gouvernance des utilisateurs passe donc par les actions suivantes :

1. Nommer au moins un administrateur de collection de sites ;
2. L'administrateur de collections de site pourra ensuite gérer les accès des utilisateurs et leur attribuer des autorisations.

Troisième et dernier aspect de la gouvernance des utilisateurs, l'utilisation de la fonctionnalité des audiences ciblées, laquelle trouvera sa finalité dans des scénarios d'utilisation de type Intranet de publication plutôt que dans des solutions collaboratives.

Gérer les administrateurs de collections de sites

Pour gérer les administrateurs de collections de sites, il faut soi-même posséder le rôle d'administrateur SharePoint sur Online ou sur le centre d'administration SharePoint.

Comme vu plus tôt, sur Office 365, il y a, depuis 2017 et encore pour quelques années, deux consoles d'administration SharePoint : une « classique » (standard) et une « Modern ».

Toutes deux permettent de gérer les administrateurs de collections de sites :

- De nommer un administrateur de collection de sites principal au moment de la création de la collection de sites),

- De modifier le nom de cet administrateur principal au cours de la vie de la solution,

- D'ajouter, de modifier ou de supprimer des administrateurs de collection de sites secondaires (facultatif).

Comme il est recommandé de ne jamais laisser un seul compte utilisateur accéder à une collection de sites, il est apprécié que, sur Office 365, Microsoft ait pensé à la création d'un groupe SharePoint Administrateur regroupant tous les utilisateurs disposant du rôle administrateur SharePoint, ce qui va simplifier la gestion des administrateurs de collections de site.

Sur le centre d'administration « classique » (environnement Office 365 et SharePoint Serveur)

La page « Collections de sites » constitue la page d'accueil par défaut du centre d'administration SharePoint classique et possède un ruban d'édition « classique » ; pour utiliser les fonctionnalités du ruban, hormis les boutons [Nouveau] et [Corbeille] (dans laquelle se trouvent les collections de sites supprimées), il faut bien entendu sélectionner une collection de sites apparaissant dans la liste. Attention, dans cette liste « classique » sur Office 365, n'apparaissent que les collections de sites « classiques ».

Pour créer une collection de sites sur Online (bandeau classique), l'administrateur SharePoint va :

1. Cliquer sur le bouton [Nouveau] ;

2. Sélectionner l'unique choix proposé, à savoir [Collection de sites privée], la notion de « privée » faisant opposition à la notion de « publique », concept disparu avec l'arrêt de SharePoint en tant que solution d'hébergement de site Internet sur Office 365 ;

3. Définir les informations de « signalétique » de la collection de sites (sur le centre d'administration Serveur, sur sa page de création de collections de site, l'administrateur saisit les mêmes informations suivantes) :

    ✓ Dans le champ « Titre », saisir le nom, que vous pourrez modifier par la suite puisqu'il constitue le nom du site de premier niveau ;

    ✓ Saisir l'URL à partir de la racine sélectionnée, laquelle (attention !), ne sera pas modifiable par la suite dans le centre d'administration ;

- ✓ Choisir le modèle de collections de site ; je vous renvoie vers le tome 1 pour le choix de la collection de sites[2] ;

- ✓ Sélectionner les paramètres de langue par défaut et de fuseau horaire ;

- ✓ Définir les paramètres de quotas de ressources Serveur alloués à la collection de sites, que l'on peut apparenter à la gouvernance « opérationnelle » puisqu'elle est en rapport avec capacité de Serveur SharePoint allouée à votre Tenant en fonction du nombre de licences ;

- ✓ Et enfin, saisir le nom de l'administrateur principal de la collection de sites, lequel pourra donc définir ensuite, en accédant au menu de définition de la gestion des accès utilisateurs et de leurs autorisations de la collection de sites en question.

---

[2] *Cf.* tome 1 de « Adopter SharePoint sans développer », chapitre 1, page 60.

Sur le centre d'administration « Modern » (uniquement sur Office 365)

Sur le centre d'administration « Modern », nous trouvons les mêmes fonctionnalités que sur le centre d'administration classique, hormis le fait que vous ne pourrez pas créer n'importe quel type de collections de site.

Création d'un site
Sélectionnez le type de site que vous voulez créer.

Site d'équipe
Partagez des documents, entamez des conversations avec les membres de votre équipe, effectuez le suivi des événements, gérez des tâches, etc., avec un site connecté à un groupe Office 365.

Site de communication
Publiez du contenu splendide et dynamique à l'attention des membres de votre organisation afin qu'ils restent informés et motivés sur des sujets, événements ou projets précis.

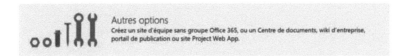

Autres options
Créez un site d'équipe sans groupe Office 365, ou un Centre de documents, wiki d'entreprise, portail de publication ou site Project Web App.

La liste des collections de site disponibles derrière le bouton de fonctionnalités [Autres options] est très largement réduite, point qui, je vous l'avoue, m'interroge parfois : « reverrons-nous réapparaître ces collections de sites ou seront-elles condamnées à disparaître avec l'avènement de l'expérience « Modern » ? »

La création de la collection de sites et de la désignation de son administrateur principal ne s'effectue pas sur la même structure de formulaire qu'en expérience classique puisque le formulaire ne comprend plus que le nom du site, l'URL, le nom de l'administrateur principal, la langue par défaut et le fuseau horaire.

Les deux derniers éléments étaient absents de la liste des champs en environnement classique et il incombait à l'administrateur de collection de sites d'effectuer ces paramètres.

LA GESTION DES ACCÈS UTILISATEURS ET DE LEURS AUTORISATIONS

L'administrateur de collection de sites désigné va pouvoir définir la gestion des accès utilisateurs et de leurs autorisations à l'intérieur de la collection de sites ; en reprenant mon analogie immobilière, c'est bien le concierge de l'immeuble qui effectue la réception des locataires au moment de leur emménagement. Comme SharePoint est généralement perçu comme un outil complexe à comprendre et à administrer au niveau de ses utilisateurs, on pourrait imaginer que cette partie n'est pas une des plus simples que j'ai eues à traiter dans cet ouvrage. Pour démystifier et faciliter la compréhension, il me faut au préalable vous rappeler deux concepts caractérisant fortement nos solutions SharePoint :

- SharePoint ne possède pas des fonctionnalités de gestion des utilisateurs et des droits très originales par rapport aux autres progiciels informatiques, à la réserve près qu'une des règles de conception est « 1 site SharePoint par groupe de travail » ;

- SharePoint est un logiciel qui a vocation à être administré par ses utilisateurs finaux, de type « utilisateur bureautique avancé » et cette philosophie peut s'appliquer à la gestion des utilisateurs.

La conséquence de ces deux concepts majeurs est que la présentation qui suit s'articule suivant trois dimensions qui s'appréhendent avec une complexité d'assimilation croissante :

- On gère les utilisateurs idéalement au travers de groupes d'utilisateurs ;

- À chaque groupe d'utilisateurs, on associe des autorisations, gérées au travers d'un ensemble d'autorisations appelé « niveau d'autorisations » ;

- Enfin, la dernière dimension est, je vous l'avais indiqué, également la plus complexe : il existe dans SharePoint un principe de gestion d'héritage d'autorisations sur les objets « objets SharePoint » inclus (sous-sites, APPs, dossier et élément) : si un concepteur a besoin de définir une politique d'autorisations différentes de celles dont il hérite, il crée des autorisations uniques.

Gérer les utilisateurs au travers de groupes

Pour gérer les utilisateurs et leur groupe ;

1.   Dans « Paramètres de site » d'un site classique, sous « Utilisateurs et autorisations » :

2.   Cliquer sur [Personnes et Groupes]

Une simplification « Modern » très efficace	Dans l'expérience « Modern », les concepteurs de la nouvelle interface de gestion des utilisateurs et des autorisations ont recherché la simplification par rapport au monde classique puisqu'il suffit de cliquer sur la roue dentée [Paramètres], puis sur [Autorisations de sites] pour accéder au bandeau de paramétrage. Cependant, dans les	

sites d'équipe « Modern » (compatibles avec Microsoft Teams), vous ne trouvez pas les pages de paramétrage des groupes d'utilisateurs et des autorisations depuis la page des paramètres de site : elles sont justes « cachées » car les principes sous-jacents à la gouvernance des utilisateurs restent identiques.

Les groupes par défaut d'un site SharePoint

Les groupes « Propriétaires », « Membres » et « Visiteurs » sont les trois groupes qui existent par défaut dans toute collection de sites ; les autres groupes créés par défaut sont liés à des fonctionnalités de site ou de collections de sites :

- Par exemple la fameuse fonctionnalité « Infrastructure de publication de SharePoint Serveur » déploie en plus des fonctionnalités de publication avancée traitées au chapitre précédent (tome 2), également les groupes d'utilisateurs « Approbateurs », « Concepteurs », « Gestionnaires de hiérarchies », « Lecteurs restreints »…

- Il existe aussi des groupes correspondant à des comptes de service SharePoint, liés à des fonctionnalités comme la mise en enregistrement sur place, les fonctionnalités d'envoyer vers…

Ajouter des utilisateurs à un groupe SharePoint

Limites logicielles	Un utilisateur peut appartenir à 5 000 groupes et chaque groupe peut comporter jusqu'à 5 000 utilisateurs !

Pour ajouter un utilisateur à un groupe :

1. Sélectionner le groupe dans le menu gauche ;

2. Cliquer sur [Nouveau], puis [Ajouter des utilisateurs] pour ajouter un utilisateur.

Notez surtout qu'il est également possible d'appeler dans un groupe SharePoint :

- Un groupe Active Directory,

- Un groupe Office 365 (fonction spécifique à SharePoint Online, attribuée à l'administrateur général Office 365 ou à un administrateur de gestion des utilisateurs),

- « Tout le monde » ou « Tout le monde sauf les utilisateurs externes sur Office 365.

Créer un groupe

Si les groupes par défaut ne vous suffisent pas, vous pouvez créer un groupe supplémentaire :

1. Dans le menu gauche, cliquer sur [Plus...]

2. Dans le ruban, cliquer sur [Nouveau] pour créer un nouveau groupe SharePoint ;

3. Dans le nouveau formulaire qui s'ouvre, le champ « Nom » est obligatoire et sert à nommer le groupe tandis que le champ drôlement nommé « Je me présente » est facultatif et sert à documenter dans quel cas sert ce groupe ;

4. Dans le champ « Propriétaire », vous devez désigner un utilisateur (c'est le nom de l'utilisateur actif qui est indiqué d'office par SharePoint) OU un autre groupe qui sera « propriétaire » du nouveau groupe :

   ✓ Seule la personne ou le groupe habilité a le droit de gérer les membres d'un groupe ;

   ✓ Les propriétaires du site sont nommés par défaut propriétaires des groupes « Propriétaires », « Membres » et « Visiteurs ».

C'est donc bien ici que l'on voit se dessiner l'option qu'un groupe d'utilisateurs SharePoint peut gérer un autre groupe d'utilisateurs et que cette responsabilité peut ainsi être retirée à l'administrateur de collection de sites.

5. Ensuite, il vous faut définir les paramètres et demandes d'appartenance du groupe :

   ✓ Qui peut consulter l'appartenance au groupe ?

   ✓ Qui peut modifier l'appartenance au groupe ?

   ✓ Comment vont être gérées les demandes d'appartenance au groupe ?

6. Enfin, il faut choisir le niveau d'autorisations adéquat que vous voulez appliquer au niveau du site parent :

   ✓ Il est important de noter qu'il est donc bien facultatif d'indiquer, au moment de la création du groupe, quel niveau d'autorisations on veut lui attribuer ; cela signifie que vous pourrez venir soit compléter ce point ultérieurement ou que ce groupe nouvellement créé n'a peut-être pas vocation à être utilisé au niveau du site parent (sans niveau d'autorisations associé, ce groupe n'aura pas d'autorisation ni même d'accès au site parent !) ;

   ✓ Si vous ne savez pas ce que comportent comme autorisations détaillées les différents niveaux d'autorisations proposés... Validez la création de votre groupe et reportez-vous au prochain paragraphe justement consacré aux niveaux d'autorisations.

Gérer et associer les niveaux d'autorisations aux groupes d'utilisateurs

Une fois que l'administrateur de collections de sites a créé les groupes et a éventuellement nommé des propriétaires de groupes parmi les utilisateurs, il va devoir se pencher sur la définition des niveaux autorisations qui, rappelons-le, s'articulent avec les utilisateurs comme suit :

- Les utilisateurs, que l'on va idéalement gérer en groupe…

- … se voient attribuer des autorisations, regroupées en niveaux d'autorisations.

Sur le site parent de la collection de sites, dans « Paramètres du site », sous « Autorisations et utilisateurs » :

1. Cliquez sur [Autorisations de site] (si la page est cachée, vous devez être sur un site SharePoint d'équipe « Modern » : cliquez alors sur la roue dentée [Paramètres], puis sur [Autorisations de sites] pour accéder au bandeau de paramétrage et en bas du formulaire et vous n'avez plus qu'à cliquer sur le lien [Paramètres avancés des autorisations] pour utiliser l'expérience classique ; sinon, vous pouvez saisir l'URL suivante juste après l'URL de votre site /_layouts/15/user.aspx) ;

2. Cliquez sur [Niveaux d'autorisations] ;

3. Pour consulter les actions individuelles autorisées par niveau d'autorisations, cliquez sur le nom du niveau d'autorisations.

Les 3 rôles par défaut de SharePoint sont associés aux niveaux d'autorisations suivants :

- Le propriétaire possède le « Contrôle total » ;

- Le membre possède le niveau « Modification » ;

- Le visiteur possède le niveau « Lecture ».

Les niveaux d'autorisations standards peuvent se résumer comme suit :

Groupe	Propriétaire	Membre	Visiteur
Niveau d'autorisations	Contrôle total	Modification	Lecture
Groupes et niveaux autorisations	création | modification | suppression		
Thèmes et feuilles de style			
Autres paramètres de site			
APPS (liste, bibliothèque)		création | modification | suppression	lecture seule
Éléments d'APPS			lecture seule AVEC téléchargement

Les niveaux d'autorisations sont composés d'autorisations individuelles concernant les paramètres et fonctionnalités de site comme la gestion des permissions et l'apparence, mais également les paramètres et fonctionnalités des APPs, la gestion des éléments stockés dans les listes et bibliothèques.

Cliquez sur le nom du niveau d'autorisation dont vous souhaitez les autorisations individuelles car c'est un lien permettant d'accéder à la page des autorisations individuelles activées ou non (prenez « Modification » pour comprendre pourquoi je le dissocie généralement du groupe membre dans les sites d'équipe).

Sur cette page, on peut modifier le nom, la description du niveau d'autorisations et surtout vous pouvez sélectionner ou non les autorisations classées suivant 3 types en fonction des paramètres de l'objet concerné.

TYPE D'AUTORISATION	L'ACTION...	... SUR L'OBJET
LISTE	Ajouter, modifier, supprimer, afficher, approuver, extraire	Pages, éléments, documents, versions, alertes personnelles...
SITE	Ajouter, modifier, supprimer	Autorisations, sites, données d'utilisation, thèmes, données personnelles, listes, alertes pour tout le monde, affichages publics...
PERSONNELLE	Ajouter, modifier, supprimer	Affichages personnels, composants WebPart personnels

Certaines autorisations individuelles sont liées entre elles automatiquement ; par exemple, « approuver des éléments de liste » requiert de :

1. Pouvoir ouvrir un site, une liste et afficher les pages (autorisations des sites) ;

2. Pouvoir afficher, modifier des éléments de liste (autorisations de liste).

Le propriétaire de site possède le « Contrôle total »

Ce rôle de propriétaire de site démontre que SharePoint est pensé comme une solution qui peut se gérer en « libre-service » : cela signifie que tout propriétaire avec « Contrôle total » peut gérer les accès utilisateurs, dans le but de décharger les personnels des équipes informatiques, mais attention, « Contrôle total » donne aussi des droits de conception sur le site et les APPs ! Le propriétaire, avec le niveau d'autorisations « Contrôle total » associé, est omnipotent dans son site. Ce rôle est si important qu'il vient juste en dessous du rôle d'administrateur de collection de sites, soit une strate de responsabilité importante pour administrer une solution, laquelle a, normalement, fait l'objet d'une phase de projet (phases de *Design* et de *Build*) avant d'être déployée en phase de production (phase de *Run*). À la lumière du dispositif de gouvernance que vous souhaitez construire, à vous de voir donc si vous utilisez ce rôle de propriétaire tel quel :

- Si votre organisation est partante pour utiliser le rôle de propriétaire tel quel, assurez-vous bien que ce rôle ne doive pas être assumé sur base du seul critère que SharePoint est à la portée d'un utilisateur bureautique avancé : le rôle de propriétaire implique d'être absolument formé à la maîtrise fonctionnelle de SharePoint au risque de modifier sensiblement le fonctionnement normal de la solution ;

- Si votre organisation ne souhaite pas utiliser ce groupe « Propriétaires » car seul l'administrateur de collections de sites gèrera les demandes d'accès, je vous recommande de conserver le groupe (vide d'utilisateur) et le niveau d'autorisations ;

- Si vous souhaitez conserver la philosophie de l'outil et déléguer la gestion des droits utilisateurs à certains d'entre eux, vous allez alors être tenté d'utiliser le groupe « Propriétaires » tout en lui associant un niveau d'autorisations plus réduit que « Contrôle total » ; pour ce faire, vous allez vous apercevoir que vous ne pouvez pas modifier le niveau d'autorisations « Contrôle total » mais que vous devrez le copier (grâce à un bouton situé tout en bas du formulaire) et désélectionner les autorisations que vous souhaitez retirer.

À ne pas oublier	Sur la page listant les niveaux d'autorisations, vous avez la possibilité de modifier les niveaux d'autorisation ; or, il est recommandé de ne pas modifier les niveaux d'autorisations existants, de les considérer comme des modèles, pour les copier et créer un niveau adapté pour vos niveaux d'autorisations personnalisés (ci-dessous).

Comme indiqué plus haut, par défaut, hormis les administrateurs de collection de sites, seuls les propriétaires gèrent les groupes utilisateurs et les autorisations. De façon plus précise, c'est parce que ce groupe possède toutes les autorisations individuelles et, par conséquent, les autorisations individuelles « Autorisations de site - Gérer les autorisations » et « Autorisations de sites – Créer des groupes » qu'il peut gérer les autorisations et créer des groupes.

Vous trouverez alors intéressant de consulter les paramètres de demande d'accès au site (sur la page « Autorisations de site »). Après avoir cliqué sur [Paramètres de demande d'accès], vous accédez à un formulaire de définition de paramètres qui vont permettre aux propriétaires de gérer les éventuelles invitations de leurs utilisateurs et les demandes d'accès associées.

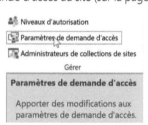

Vous découvrez peut-être, ci-dessous, une nouveauté spécifique à l'édition SharePoint Online puisqu'il est devenu possible en 2018 de sélectionner le groupe des propriétaires de site comme étant les utilisateurs qui recevront les demandes d'accès alors que, sur les versions SharePoint Serveur, vous devez saisir l'adresse e-mail de la personne de contact pour traiter ces demandes !

Le membre possède le niveau « Modification »

Avec pareille dénomination, je dirais que ce groupe « Membres » démontre que SharePoint est une solution de type logiciel de groupe (*GroupWare*, en anglais) car cet intitulé fait davantage penser à un espace collaboratif qu'à un intranet classique, sur lequel on évoque plus généralement des contributeurs. C'est un détail, je vous l'accorde. En revanche, ce qui suit ne l'est pas pour moi puisque je vous l'ai annoncé très rapidement dans cette partie de chapitre : très fréquemment, je rallie mes clients à l'idée que le niveau d'autorisations « Modification » attribué par défaut est trop haut si nos membres sont attendus uniquement comme ayant un rôle de contribution dans notre solution. En effet, lorsque SharePoint crée une nouvelle collection de sites, le groupe « Membres » se voit associer, par défaut, le niveau d'autorisations « Modification », lequel présente, au début de sa première ligne de description, la mention « Ajouter, modifier et supprimer des listes... ». Ne devant pas uniquement vous fier à la description qui reste un champ de texte de plusieurs lignes, vous devez cliquer sur le niveau [Modification] (*Edit* en anglais) pour confirmer que tout membre possède bien le droit de gérer les listes, i.e. de modifier la conception des listes en termes aussi bien de paramétrages d'APPs[3] que de structure de colonnes[4] ! Autant donc vous dire que ce type de paramétrage standard pensé par Microsoft n'est pas neutre en termes de stabilité de la solution et de gouvernance (fonctionnelle et applicative...) car n'importe quel membre se retrouve alors en capacité de créer, modifier et supprimer toutes sortes de listes et de bibliothèques, au nez et à la barbe des membres du groupe « Propriétaires » de sites, à qui tout le monde pensait être a priori le seul dépositaire de ce type d'autorisations...

---

[3] *Cf.* tome 1 de « Adopter SharePoint sans développer », chapitre 3 page 133.

[4] *Cf.* tome 1 de « Adopter SharePoint sans développer », chapitre 4 page 207.

Vous pouvez utiliser le niveau d'autorisations tel quel ou l'adapter ; vous n'êtes alors pas obligé de créer un niveau en partant du formulaire « vide » mais plutôt partir d'un niveau existant et le copier à partir du bouton en bas de formulaire :

- Comme pour le niveau « Contrôle total », une fois que l'aurez copié, alors vous pourrez le modifier ;

- Si vous panachez les autorisations individuelles de manière à construire un niveau d'autorisations personnalisé, attention à ne pas oublier les particularités suivantes :
  - ✓ Les autorisations individuelles liées au démarrage manuel de flux de travail ne sont pas des autorisations individuelles à part entière ; elles sont déduites soit de l'autorisation « Gérer les listes » soit « Modifier les listes » ;
  - ✓ Les « Collaborateurs de la liste » et les « Administrateurs de la liste » impliqués dans la mise en archives sont des utilisateurs appartenant à un groupe disposant de l'autorisation « Gérer les listes » pour être considérés comme « Administrateur de la liste » et les « Collaborateurs de la liste » sont ceux qui disposent de l'autorisation « Modifier les listes ».

Sans devoir nécessairement créer un niveau d'autorisations personnalisé, peut-être vous rabattre simplement sur le niveau d'autorisations « Collaboration » pourrait alors vous convenir pour définir les autorisations d'un groupe de contributeurs dans un espace collaboratif ou un intranet traditionnel.

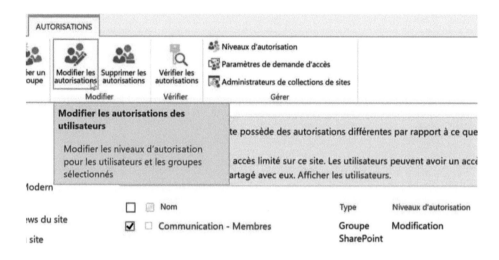

Pour modifier l'attribution du niveau d'autorisations au groupe visé :

1. Sélectionnez le groupe dont vous souhaitez modifier l'attribution du niveau d'autorisations ;

2. Cliquez sur le bouton de fonctionnalité [Modifier les autorisations] ;

3. Sélectionner le niveau d'autorisations souhaité et, si vous découvrez que la sélection multiple est possible (vous pouvez associer « plusieurs casquettes » à un groupe d'utilisateurs ; dans ce cas, c'est toujours le niveau d'autorisations le plus étendu qui primera), décochez le niveau d'autorisations initialement attribué au groupe.

Le visiteur possède le niveau « Lecture »

Même s'il n'est pas rare que l'on me demande d'utiliser un groupe « Visiteurs » sur un espace collaboratif pour des populations d'utilisateurs de type Top Management, auditeurs internes, avec ce dernier groupe créé par défaut, « Visiteurs » vous rappelle maintenant que SharePoint est une solution qui peut servir de plateforme à un intranet classique !

Dans ce cas, il pourra vous apparaître intéressant de savoir qu'il est possible de cacher les pages « Back office de SharePoint » (paramètres de site, contenu du site, contenu et paramètres des listes et bibliothèques) en décochant l'autorisation « Afficher les pages d'applications » sur la page du niveau d'autorisations mais cela implique donc que les visiteurs n'accèderont plus aux informations qu'au travers des pages de sites que vous leur aurez créées !

En guise de conclusion de cette section, j'espère que vous retiendrez plus que les principes de fonctionnement, mais surtout que vous n'êtes absolument pas obligé de vous contenter de ce que Microsoft propose par défaut avec ces 3 rôles. Chaque gouvernance utilisateur est fonction de la solution.

La fonctionnalité de l'héritage des autorisations

Nous sommes dans le troisième et dernier paragraphe consacré à la gestion des autorisations utilisateurs et celui-ci est le plus complexe à appréhender des trois : je vais donc tenter d'expliquer clairement la fonctionnalité de l'héritage en abordant successivement les deux principes théoriques sous-jacents et les exemples d'applications concrets suivants :

- Les principes de la citadelle et de l'aéroport ;

- Arrêter l'héritage des autorisations sur une APP ;

- Arrêter l'héritage des autorisations sur un dossier ou un élément en particulier.

- Arrêter l'héritage des autorisations sur un sous-site ;

Les principes de la citadelle et de l'aéroport

Par défaut, toute collection de sites nouvellement créée applique en son sein le principe de l'héritage : cela signifie que les couples groupes d'utilisateurs – niveaux d'autorisations que vous avez définis au niveau du site parent de la collection de sites s'appliquent partout dans la collection de sites à toutes les APPs déployées et dans toute APP nouvellement ajoutée.

Le principe de sécurité appliqué est celui de la « citadelle », i.e. place imprenable mais dès lors que vous vous êtes identifié et que vous accédez à la page d'accueil du site parent, vous accédez à tous les contenus de son site. Ce
principe de la citadelle est très pratique car il permet d'éviter de devoir passer son temps à gérer des autorisations à l'intérieur de son site.

 Néanmoins, vous avez le choix ou le devoir (comme vous allez peut-être le découvrir ci-après) de rebattre les cartes car, dans vos organisations de travail, une fois que vos contributeurs accèdent à un site, ils n'accèdent généralement qu'à certains « espaces autorisés » dans le contenu du site avec leur droit de contribution : c'est donc généralement le principe de « l'aéroport » qui s'applique à votre gouvernance des utilisateurs de votre solution. Pour appliquer le principe de « l'aéroport », SharePoint permet de créer des autorisations uniques spécifiquement au niveau des objets à sécuriser. Quels sont donc ces objets sécurisables dans le contenu du site parent ?

- Les APPs et leur contenu en termes de dossiers et éléments ;
- Les éventuels sous-sites, eux-mêmes composés de leur contenu, comme de réelles « poupées russes ».

Arrêter l'héritage des autorisations sur une APP et son contenu

En termes de gouvernance des utilisateurs, après avoir défini les groupes d'utilisateurs, il vous appartient de viser à associer les bons niveaux d'autorisations aux bons « endroits » dans la solution SharePoint. Commençons donc par vérifier si, en termes de scénarios d'usage, il est pertinent que la politique d'autorisations imaginées au niveau du site parent s'applique tout naturellement aux APPs qu'il contient et s'il ne vaut pas mieux sécuriser la gouvernance de sa solution en arrêtant l'héritage des autorisations sur certaines APPs en créant des « autorisations uniques ».

RESTREINDRE L'ACCÈS SPÉCIFIQUEMENT À UNE LISTE OU UNE BIBLIOTHÈQUE DONNÉE

Dans un site donné, vous pouvez restreindre l'accès spécifiquement à une liste ou une bibliothèque donnée pour des raisons de confidentialité mais saviez-vous que le couple groupe d'utilisateurs et autorisations s'applique à toutes les APPs contenues par défaut dans le site ?

Il existe ainsi dans le contenu du site des APPs qui ne possèdent, pour autant, pas toute la même vocation ; prenons le modèle de site d'équipe classique ou « Modern », il existe dans son contenu, en effet, des APPs pour collaborer (« Documents ») et des APPs pour construire le site (« Pages du site » ou « pièces jointes » qui comporte logo de site et autres images insérées dans les pages).

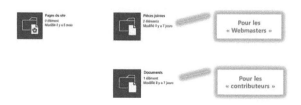

Pour arrêter l'héritage et créer ainsi des autorisations uniques dans une APP :

1. Accédez à votre bibliothèque ou autre liste à laquelle vous voulez limiter l'accès.

2. Dans le ruban, cliquez sur le bouton [Paramètres de liste/bibliothèque].

3. Dans la page « Paramètres », sous [Autorisations et gestion], cliquez sur [Autorisations pour l'élément suivant : liste] (ou [Autorisations pour l'élément suivant : bibliothèque de documents] dans une bibliothèque).

4. Pour annuler l'héritage des autorisations du parent, cliquez sur le bouton [Arrêter l'héritage des autorisations] dans le ruban.

5. Cliquez sur [OK] si un message vous indique que vous êtes sur le point de créer des autorisations uniques pour la liste. Le message explique que les modifications apportées aux autorisations du site parent n'affecteront plus cette liste.

6. Adapter la politique d'accès :

➤ Retirer les groupes SharePoint en sélectionnant la case à cocher puis cliquer sur [Supprimer les autorisations] ou [Modifier les autorisations] si le groupe doit continuer à y accéder en lecture (c'est le cas de l'APP « Pages de site » ou « Pièces jointes » ; attention, le bloc-notes OneNote stocké dans l'APP « Pièces jointes » vous forcera à lui attribuer des autorisations uniques dans l'APP s'il doit être utilisé par les membres – paragraphe suivant).

➢ Le cas échéant, accordez des autorisations supplémentaires en cliquant sur [Accorder des autorisations] :

    ✓ Cliquer sur [Afficher les options] au bas du pop-up.

    ✓ Dans la zone « Entrez des noms, des adresses de messagerie » ou « Tout le monde », entrez le nom ou l'adresse de messagerie de l'utilisateur ou du groupe à ajouter ; vous pouvez tout à fait ajouter un groupe préexistant au niveau d'un site pour donner des accès à une APP ; quand le nom apparaît dans une boîte de confirmation sous votre entrée, sélectionnez-le pour l'ajouter à la zone de texte.

    ✓ Si vous souhaitez ajouter d'autres noms, répétez ces étapes.

    ✓ Choisir le niveau d'autorisation parmi les niveaux d'autorisations existants.

    ✓ Décocher la case si vous ne souhaitez pas que SharePoint envoie un e-mail d'informations aux nouveaux ayants droit ; sinon, saisir un message personnalisé à envoyer aux nouveaux utilisateurs dans « Inclure un message personnel dans cette invitation » (facultatif).

| Marche arrière ? | Pour annuler des autorisations uniques sur un élément ou un document, dans la page de paramétrage avancé des autorisations du document, dans le ruban « Autorisations », cliquer sur [Supprimer les autorisations uniques] et confirmer par [OK] ; le principe de l'héritage des autorisations est à nouveau d'application. |

ACCORDER DES AUTORISATIONS UNIQUES SUR UN ÉLÉMENT OU UN DOSSIER DONNÉ

Il doit vous apparaître certainement plus logique d'aborder la création d'autorisations uniques sur un dossier ou un élément particulier que sur une APP car le besoin de collaborer de façon ponctuelle[5] implique de pouvoir partager facilement des éléments d'informations. En tant que contributeur, vous avez déjà dû partager des documents :

1. Sélectionner l'élément et cliquer sur [Partager] (avec) dans le menu d'édition de l'élément ;
2. Un pop-up s'affiche, cliquer sur [Afficher les options] au bas du pop-up pour le découvrir complètement ;

3. Dans la zone « Invitez des personnes », saisir le nom de l'utilisateur ou du groupe, des adresses de messagerie ou « Tout le monde » ; quand le nom apparaît dans la boîte de confirmation sous votre entrée, sélectionnez-le pour l'ajouter à la zone de texte ; si vous souhaitez ajouter d'autres noms, répétez cette étape ;
4. Choisir le niveau d'autorisation parmi les niveaux d'autorisations existants ;
5. Décocher la case si vous ne souhaitez pas envoyer d'invitation électronique ; sinon, saisir un message personnalisé à envoyer aux nouveaux utilisateurs dans « Inclure un message personnel dans cette invitation » (facultatif).

---

[5] *Cf.* tome 1 de « Adopter SharePoint sans développer », chapitre 1, page 39.

Eh bien, il faut savoir que lorsque vous avez partagé un document ou que vous avez envoyé un lien de partage, vous avez créé des autorisations uniques dans votre APP.

La possibilité que des membres puissent partager des éléments et des dossiers, d'ajouter d'autres membres à leur groupe est un paramètre par défaut que vous pouvez modifier : vous pouvez décider de ne pas autoriser les membres à partager les fichiers et les dossiers et laisser ce privilège aux seuls membres du groupe « Propriétaires » ou aux administrateurs de collections de sites.

Du coup, qu'en pensez-vous ?	Si vous avez compris, penchez-vous un peu sur ces 2 cas fréquemment rencontrés et décidez si vous n'avez pas là l'occasion de vous exercer.

Cas n°1 : par défaut, les dossiers dans les APPs héritent des autorisations des sites. Cela signifie par conséquent que, dans tout site, les membres collaborent... dans toutes les APPs. Trouvez-vous normal que les membres aient le droit de modifier ou de supprimer les images insérées dans les pages de site ? Dans l'APP « Pièces jointes », vous trouverez ainsi une APP dans laquelle les membres ont le droit de collaborer et vous trouverez alors l'occasion de leur réattribuer un droit de lecture pour leur permettre de continuer à profiter des éléments insérés dans les pages.

Cas n°2 : par défaut, les éléments dans les APPs héritent des autorisations des sites. Cela signifie par conséquent que, dans tout site, les membres collaborent... sur tous éléments dans les APPs... Trouvez-vous normal que les membres aient le droit de modifier ou de supprimer le logo du site ? Dans l'APP « Pièces jointes », vous trouverez ainsi le logo du site sur lequel vous pourriez leur réattribuer le seul droit de lecture.

Arrêter l'héritage des autorisations sur un sous-site

Par son architecture modulaire construite en sites et en sous-sites au sein d'une même collection de sites, SharePoint possède forcément, au niveau de ses sites, une gestion modulaire des accès utilisateurs et de leurs permissions.

La fonctionnalité de l'héritage va donc tout naturellement trouver sa justification pour la gestion des sous-sites et, tout comme pour les APPs et leur contenu, créer des autorisations uniques dans un sous-site déjà créé revient à :

- Non seulement à arrêter l'héritage sur le sous-site...
- ... mais également à potentiellement attribuer des niveaux d'autorisations spécifiques à des groupes dans le sous-site donné.

Cependant, par rapport à l'arrêt de l'héritage sur les APPs et leur contenu, il faut noter la spécificité suivante, propre au sous-site : au moment de la création d'autorisations uniques, il est possible de créer de nouveaux groupes propriétaires, membres et visiteurs.

Ces nouveaux groupes sont ensuite listés dans le site de premier niveau et réutilisables partout dans la collection de sites !

Cette spécificité fait bien écho à la règle de conception de solution SharePoint que j'énonce régulièrement : 1 site SharePoint par groupe de travail !

ARRÊTER ET REMETTRE L'HÉRITAGE SUR UN SOUS-SITE

Par défaut, seuls les utilisateurs possédant les autorisations individuelles « Gérer les autorisations » et « Créer des groupes » ont la possibilité de créer des autorisations uniques pour un site.

Sur un sous-site déjà existant :

1. Positionnez-vous dans le site sur lequel vous voulez modifier la politique d'autorisations et cliquez sur [Paramètres de site] > [Autorisations et Utilisateurs] ;

2. Dans le ruban « Autorisations », cliquez sur [Arrêter l'héritage des autorisations] pour définir des nouveaux groupes spécifiques au site et confirmez en cliquant sur [OK].

	Marche arrière ?	Comme pour annuler des autorisations uniques sur une liste ou une bibliothèque, dans la page de paramétrage des autorisations de site, dans le ruban « Autorisations », cliquer sur [Supprimer les autorisations uniques] et confirmer par [OK] ; le principe de l'héritage des autorisations est à nouveau d'application.

Définir les groupes et les niveaux d'autorisations spécifiques applicables au sous-site

Les autorisations uniques font que le site accepte désormais qu'on lui attribue des groupes spécifiques, liés à des niveaux d'autorisations existants au niveau de la collection de sites. Un formulaire de paramétrage spécifique propose de composer les trois groupes de base utilisés pour chaque site (propriétaires, membres et visiteurs) :

1. Pour définir chaque groupe, vous pouvez :

   - Soit utiliser un groupe existant ; si vous choisissez d'utiliser un groupe existant comme visiteurs de votre site de projet, sélectionnez l'option « Utiliser un groupe existant », puis sélectionnez le groupe dans la liste ;

   - Soit créer un nouveau groupe ; si vous choisissez de créer un groupe, saisir le nom du nouveau groupe si vous souhaitez lui affecter un nom autre que celui par défaut, puis saisir le nom d'utilisateur de chaque personne autorisée à afficher votre site en tant que visiteur. Vous pouvez entrer plusieurs comptes séparés par des points-virgules (;). Une fois les comptes entrés, vous pouvez cliquer sur [Vérifier les noms] pour vérifier les comptes. Si vous ne connaissez pas le nom d'utilisateur d'une personne que vous souhaitez ajouter comme visiteur, cliquez sur [Parcourir], puis effectuez une recherche sur le nom de la personne.

2. Cliquez sur [OK] pour ajouter les personnes sélectionnées à ces groupes ;

3. Le cas échéant, modifiez les autorisations (comme nous ne choisissons pas d'associer, aux groupes que nous créons, d'autres niveaux d'autorisations que ceux qui sont attribués au niveau du site de premier niveau, vous devrez « Modifier les autorisations » pour associer de nouveaux niveaux d'autorisations pour les groupes d'utilisateurs « Propriétaires », « Membres » et « Visiteurs ») ou

supprimez les autres groupes d'utilisateurs du site parent que vous jugerez indésirables en cliquant sur la case à cocher du groupe puis cliquer sur [Supprimer les autorisations].

Dès la création du sous-site	À noter que, au moment de la création d'un sous-site, la question relative à la création d'autorisations uniques ou non se pose et que si vous sélectionnez « Utiliser les mêmes autorisations que le site parent », le même ensemble d'autorisations des utilisateurs hérite du site parent sur le sous-site et que personne ne pourra alors changer les autorisations des utilisateurs sur ce nouveau site, à moins d'être déjà habilité à gérer le site parent.

Autorisations

Vous pouvez autoriser l'accès à votre nouveau site soit aux utilisateurs qui ont accès au site parent, soit à un ensemble unique d'utilisateurs.

Autorisations des utilisateurs :
◉ Utiliser les mêmes autorisations que le site parent
○ Utiliser des autorisations uniques

DÉFINIR LES PARAMÈTRES DE DEMANDE D'ACCÈS

Niveaux d'autorisation
Paramètres de demande d'accès
Administrateurs de collections de sites
Gérer

Paramètres de demande d'accès

Apporter des modifications aux paramètres de demande d'accès.

Après avoir cliqué sur [Paramètres de demande d'accès] (sur la page « Autorisations de site »), le formulaire de définition de paramètres des demandes d'accès permet de cocher ou de décocher ce type d'autorisations accordées aux membres. Petite nouveauté qui a fait son apparition sur SharePoint Online en 2018, plus besoin de saisir une adresse e-mail pour faire parvenir les demandes d'accès puisque l'on peut désormais cocher le choix « Propriétaires de site ».

Mini conclusion concernant la gouvernance des utilisateurs et de leurs autorisations

Je vous livre là ma mini-conclusion concernant la gouvernance des utilisateurs et de leurs autorisations.

Un système complexe à la hauteur de la réalité

Vous trouvez le système de gestion des autorisations complexe mais il est modulaire et peut tout à fait répondre aux contraintes que la réalité exige. Pour vérifier, prenez le scénario d'usage d'une solution SharePoint « tout-en-1 »[6]. Dans une solution SharePoint qui va couvrir les besoins d'un intranet de communication, d'un intranet de publication, d'une zone d'archives et de recherche mais également des espaces collaboratifs, les autorisations des utilisateurs vont pouvoir varier en fonction de l'endroit où ils naviguent : par exemple, un utilisateur sera généralement un « simple visiteur » de l'intranet de communication ou de publication, puis il se muera en collaborateur dans ses espaces de collaboration d'équipe ou de projet pour, enfin, embrasser le rôle de modérateur d'un site de communauté donné relatif à un des domaines d'expertise.

En termes de conception, c'est à l'aide d'un niveau de description exhaustif que l'on parviendra à identifier les profils utilisateurs et les scénarios d'usage attendus dans la solution. Il restera ensuite à prendre la carte de collections de sites, de sous-sites et d'APPs pour s'assurer que la solution possède la gouvernance attendue concernant les utilisateurs et leurs autorisations.

---

[6] *Cf.* tome 1 de « Adopter SharePoint sans développer », chapitre 1, page 21.

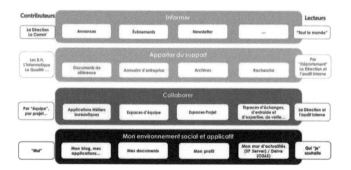

J'espère que vous aurez validé le fait que le système de gestion des autorisations est à la hauteur des enjeux et que l'on ne peut pas dire que la gestion des autorisations utilisateurs dans SharePoint ne fonctionne pas.

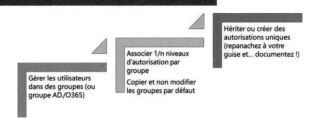

Gérer les utilisateurs dans des groupes (ou groupe AD./O365)

Associer 1/n niveaux d'autorisation par groupe
Copier et non modifier les groupes par défaut

Hériter ou créer des autorisations uniques (repanachez à votre guise et... documentez !)

Je pense que vous abonderez dans mon sens si je partage avec vous que le sujet abordé vous est apparu de plus en plus complexe. La gestion de l'héritage rend particulièrement complexe la gouvernance des utilisateurs et de leurs permissions.

Cela fonctionne mais le système est tellement complexe qu'il demande une grande rigueur dans la conception (les phases de *Design* et de *Build*). Par contre, cette rigueur doit continuer à être de mise dans le suivi de ce qui est modifié par la suite (*Run*) car SharePoint n'a pas beaucoup de puissance lorsqu'il s'agit de donner une vision 360° de tous les droits possédés par un groupe SharePoint au niveau d'une collection de sites ou d'un utilisateur particulier sur plusieurs collections de sites : il faut se rendre sur chaque « palier » (site, APP, dossier, élément) et cliquer sur le bouton de fonctionnalités [Vérifier les autorisations] pour obtenir une réponse... partielle puisque correspondant uniquement au palier.

Des logiciels-tiers et le langage d'administration PowerShell vont vous permettre d'obtenir des informations meilleures que ce que SharePoint fournit en standard. Cette gouvernance des utilisateurs est rendue également complexe par le fait qu'elle peut impliquer non seulement les administrateurs SharePoint, les administrateurs de collection de sites mais également impliquer certains utilisateurs, voire tous les utilisateurs lorsque l'on planifie la possibilité de la création de site collaboratifs en mode self-service (c'est un paramètre que l'on peut désactiver lorsque l'on possède le rôle d'administrateur SharePoint Online) !

C'est l'esprit de la solution Microsoft Teams, qui possède sa section en fin de chapitre !

Les rapports d'audit de la collection de sites pour aider la gouvernance des utilisateurs

Une partie des « rapports d'audit » de l'administration d'une collection de sites de SharePoint peut vous apporter des « traces » sur ce qui est réalisé par les utilisateurs mais, attention, les lois informatiques et libertés en vigueur dans vos différents pays constituent des garde-fous contre des pratiques abusives de suivi des collaborateurs. Le nombre de jours de conservation des données du journal d'audit est limité à 90 jours.

L'administrateur de la collection de sites peut activer et produire des rapports du journal d'audit sous forme de fichier Excel, relatifs à l'activité au niveau de chaque site, APP et élément dans de sa collection de sites SharePoint. Parmi ces rapports, il existe le rapport d'audit « Modification des utilisations et des autorisations » :

1. Pour activer les rapports d'audit, cliquer sur [Paramètres] > [Paramètres de site] > [Administration de la collection de sites] > [Paramètres d'audit de la collection de sites].

2. Pour activer l'enregistrement des actions relatives à la modification des utilisateurs et des autorisations, cliquer sur les événements à analyser [Modification des utilisations et des autorisations] dans la partie du formulaire consacrée aux listes, aux bibliothèques et aux sites.

Documents et éléments

Sélectionnez les événements à vérifier pour les documents et les éléments appartenant à cette collection de sites.

Spécifiez les événements à analyser :

- ☐ Modification des éléments
- ☐ Archivage ou extraction des éléments
- ☐ Déplacement ou copie des éléments vers un autre emplacement du site
- ☐ Suppression ou restauration des éléments

Listes, bibliothèques et sites

Spécifiez les événements à vérifier pour les listes, les bibliothèques et les sites appartenant à cette collection de sites.

Spécifiez les événements à analyser :

- ☐ Modification des types de contenu et des colonnes
- ☐ Recherche du contenu du site
- ☑ Modification des utilisateurs et des autorisations

3. Pour afficher des rapports du journal d'audit, cliquer sur [Paramètres] > [Paramètres de site] > [Administration de la collection de sites] > [Rapports du journal d'audit].

4. Cliquer sur le rapport :

✓   [Paramètres de sécurité] dans la section du formulaire [Rapports de sécurité et de paramètres de sites] pour afficher tous les événements qui ont modifié les paramètres liés à la gouvernance des utilisateurs et des autorisations ;

Paramètres de sécurité
Ce rapport affiche tous les événements qui modifient la configuration de sécurité de Microsoft SharePoint Foundation.

✓   Personnaliser le rapport dans la section du formulaire [Rapports personnalisés] pour afficher tous les événements qu'il est possible d'enregistrer mais limité à un utilisateur donné.

Exécuter un rapport personnalisé
Spécifiez manuellement les filtres de votre rapport d'audit.

LA GESTION DES DONNÉES DE PROFIL UTILISATEURS ET DES AUDIENCES CIBLÉES

Dernière section consacrée à la gouvernance des utilisateurs, la gestion des profils utilisateurs (chapitre 6, tome 2) et des audiences ciblées (chapitre 9, tome 2) sont deux familles de fonctionnalités pouvant être intimement liées si vous utilisez les audiences ciblées sur des données de profil et pas uniquement sur les groupes d'utilisateurs.

Si on se rappelle que les audiences permettent de publier des informations à destination de profils d'utilisateurs-types au travers de WebParts ou de listes/bibliothèques ciblées, on imagine que ces paramètres des profils et audiences sont à la main des concepteurs de solutions dans la collection de sites.

Ce n'est pas le cas : seul un administrateur SharePoint Serveur ou Online accède aux pages d'administration des profils utilisateurs et des audiences ciblées : ainsi, il faudra faire appel à lui dans la définition (phase de projet *Build*) mais également, lors des phases de *Run*, pour améliorer le cas échéant les solutions déployées.

La gouvernance des profils utilisateurs

Pourquoi « gouverner » les profils utilisateurs ? La première raison est que les données de profil utilisateurs ont pour vocation de constituer autant d'occasions de créer des liens entre les collaborateurs au travers du moteur de recherche, pour identifier des ères d'expertise au-delà des documents indexés par le moteur de recherche. Cette stratégie doit être essentiellement guidée par cette nécessité de l'organisation « sociale » de contribuer à :

- Rapprocher les collaborateurs et ainsi réduire le temps passé à chercher à résoudre des cas difficiles à traiter ;
- Identifier les collaborateurs les plus engagés dans les actions d'entraide et de partage de connaissance, les altruistes, les talents de demain.

La gestion des données de profil utilisateur doit être adressée dans ce but, pour atteindre les objectifs opérationnels. Par conséquent, vous vous doutez bien que ce n'est pas l'administrateur SharePoint Online qui est le seul concerné par la problématique puisque les ressources humaines sont les premières intéressées par ces enjeux et, techniquement parlant, le point de départ des réflexions sur la pertinence de ce qui peut être administré, c'est l'analyse, sous l'angle des données de profils utilisateur, des rapports de recherche, accessibles par défaut par le seul administrateur de collection de sites :

- Requêtes les plus fréquentes par jour ou par mois,
- Requêtes abandonnées par jour ou par mois,
- Requêtes sans résultat par jour ou par mois.

La seconde raison tient au lien entre les données de profil utilisateur et les audiences ciblées, détaillées ci-après.

La gouvernance des audiences ciblées

Comme vu au chapitre 9 (tome 2), les audiences ciblées servent à publier, à destination de certains utilisateurs, des informations telles que des éléments de liste ou de bibliothèque, des WebParts (en mode « classique » seulement) et même des liens de navigation ou des onglets de recherche (en mode « classique » avec fonctionnalité de publication de SharePoint Serveur activée). Même si cette fonctionnalité appartient surtout au monde « classique » de SharePoint (en mars 2019, les audiences ne sont encore apparues que sur les barres de navigation du modèle de site « Modern » d'équipe... et par encore pour les sites de communication), elle est très intéressante pour donner forme à des canaux d'informations, personnalisés en fonction de l'appartenance à des groupes d'utilisateurs SharePoint, mais également en fonction de l'adéquation entre une ou plusieurs règles d'une audience donnée en rapport avec les données de profil présentes sur les profils d'utilisateurs. Ces données peuvent être modifiées par les utilisateurs en fonction du type de champ et/ou alimentées par des sources de données externes ; même si la fonctionnalité des audiences ciblées ne doit pas être apparentée à une gestion de la confidentialité (c'est une fonctionnalité prisée pour les intranets traditionnels), cette utilisation des données de profil utilisateur et des groupes SharePoint dans la définition des audiences ciblées fait qu'une gouvernance est absolument indispensable entre les utilisateurs qui produisent les profils et ceux qui les utilisent :

- L'administrateur SharePoint Serveur ou Online qui gère les profils utilisateurs, leur structure et les types de champ de propriété ;
- Les collaborateurs qui gèrent tout ou partie du magasin de termes lorsque le champ de propriété est connecté à un ensemble de termes ;
- Les concepteurs de page qui ciblent les audiences dans les WebParts « classiques » ;
- Les collaborateurs qui gèrent des listes ou des bibliothèques dans lesquelles sont activées des audiences ciblées.

La gouvernance des contenus

La gouvernance permet d'établir qui « doit faire quoi ? » et « dans quelles conditions ? » pour s'assurer que les objectifs initiaux vont pouvoir être atteints.

Après avoir mis en place la gouvernance liée à la gestion des utilisateurs, penchons-nous désormais sur la gouvernance des contenus :

- Premier sujet concernant ce nouveau pan de gouvernance fonctionnel, il faut mettre en place toutes les conditions favorables à la production de ces contenus puis s'assurer que ces contenus sont consultés : je regroupe donc, dans ce premier pilier de la gouvernance des contenus, les aspects « contribution et cycle de vie » des informations présentes sur SharePoint, qu'ils soient de nature éditoriale, collaborative ou participative ;

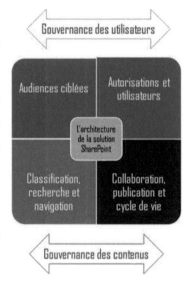

- Second sujet en rapport avec la gouvernance des contenus, j'aborderai cette fois les dispositions relatives à la qualité et au respect de la conformité des données partagées sur SharePoint.

Le juste apport de contenu et la mesure de l'adoption

Trop peu de contenu ?

Trop de contenu ?

Ces deux situations peuvent engendrer les mêmes résultats, une consultation des contenus en baisse et, de ce fait, voir l'échec de votre solution en termes de consultation se profiler à l'horizon.

Nous allons donc traiter ce sujet de la gouvernance des contenus suivant trois questions relatives à l'utilisation :

- Quelle organisation mettre en place pour obtenir les conditions les plus favorables à la contribution ?
- Quelles fonctionnalités de SharePoint vont me permettre d'assurer une bonne gestion du cycle de vie de ces contenus ?
- Comment m'assurer que mes contenus sont consultés ?

Mettre en place toutes les conditions favorables à la contribution

Une fois que le projet de réalisation est fini, commence la gestion de la contribution. Est-ce que la situation est différente suivant que l'on se trouve dans le contexte d'un intranet, d'un espace de travail collaboratif ou dans le cadre de l'animation d'un site de communauté de nature plus sociale et participative ? En partie « oui ! » et en partie « non ! ».

En partie « oui ! »

Mettre à disposition la solution pour ensuite attendre et prier que l'adoption se fasse toute seule ne constitue pas une stratégie fiable pour garantir que les objectifs seront atteints. Même si les 3 types de solution diffèrent, tous les 3 doivent chercher à recueillir l'adhésion des utilisateurs qu'ils soient contributeur ou lecteur de la solution. Par exemple, il est sage de rappeler qu'il est ainsi recommandé :

- De publier et d'engager les utilisateurs à respecter les chartes d'utilisation, de contribution ou d'animation, en fonction du type de solution

- De faire figurer un contact pour chaque page (le WebPart existe aussi bien dans le monde classique que « Modern ») ;

- D'autoriser les commentaires des utilisateurs finaux (dans le monde classique de SharePoint, le fil de discussions était lié au site tandis qu'un champ commentaire de bas de page est apparu dans les pages « Modern ») ;

- De déployer un système de soutien à l'utilisation, dont un aide-mémoire pour le contributeur, qui peut être dynamique (conseil du jour, aide personnalisée) et même « social », en mettant en place une communauté de pratiques.

En partie « non ! »

Il existe bien plusieurs types de solution et, par conséquent, des modalités de gouvernance différentes relatives à la contribution car les « Métiers » ne sont pas les mêmes que l'on soit Webmaster d'un intranet, Community Manager d'un site communautaire ou responsable d'un espace collaboratif :

- Le Webmaster visera à mettre en place une gouvernance de la contribution de type « éditorial », visant à organiser les pratiques de contribution dans l'intranet s'assurant de l'apport nécessaire d'un contenu interne en continu, organisé comme un plan de communication en termes d'objectifs, d'agenda et de mesure ;

- Le Community Manager sera soucieux de la gouvernance « sociale » pour organiser les pratiques de création de valeur participative, animera les centres d'intérêts identifiés et régulera sa solution tels des forums ;

- Enfin, la gouvernance des espaces collaboratifs diffère des deux autres types de solutions car, peu importe qu'ils soient permanents (application « Métier » ou collaboration d'équipe) ou éphémères (ponctuels davantage en approche « self-service »), ces solutions mettent nécessairement leurs membres dans des positions voulues, connectés à leur « vie réelle » au travail, i.e. de leur centre de préoccupations pour réaliser leurs tâches de collaboration.

Tous ces espaces n'échapperont pas à la nécessité de créer une impulsion d'adhésion par l'intermédiaire d'un ou plusieurs événements de lancement de courte durée, sous la forme d'une action de communication de type présentation inaugurale, en sus, bien entendu, de l'indispensable formation, qui sera traitée un peu plus loin dans cette section. Sur Office 365, vous pouvez utiliser Stream en mode « Live » puis publier la présentation vidéo de cet événement.

La gouvernance « éditoriale » d'une solution d'intranet

La gouvernance « éditoriale » est liée à l'apport nécessaire d'un contenu interne en continu.

Cette indispensable mise en place de la gouvernance de la contribution éditoriale permettra d'éviter deux syndromes très critiques pour l'adoption à long terme de votre solution :

- Le syndrome du « restaurant vide » qui visera à vérifier que l'on a produit suffisamment de contenu avant « l'ouverture » car si les utilisateurs n'y trouvent pas leur compte, il y a une forte proportion d'utilisateurs qui se désintéressera de la solution dès son lancement ;
- Le syndrome du « restaurant à plats avariés » qui évitera d'afficher des contenus dont la pertinence n'est plus d'actualité ; il faut absolument éviter l'effet de mode après le lancement initial et conserver un rythme de croisière satisfaisant.

La mission du webmaster éditorial est d'éviter que le bond d'intérêt obtenu au moment de l'événement de lancement initial ne s'essouffle ; il visera par conséquent à conserver un rythme de croisière satisfaisant en termes d'apport continu de contenu.

Ce flux continu de contenu doit par conséquent être planifié et organisé, comme le ferait un rédacteur en chef avec ses journalistes, en engageant les parties prenantes plus ou moins directement dans la contribution : les parties prenantes traditionnelles engagées dans la production de contenu dans l'intranet appartiennent généralement aux processus de support de l'organisation (Direction générale, Communication, Ressources humaines, Qualité, Informatique, Facility Management) mais il est évident que n'importe quel collaborateur appartenant à tout autre type de métier dans l'organisation doit trouver un intérêt à consulter des contenus dans sa journée de travail.

Chaque contributeur se trouve donc généralement engagé dans un plan de contribution interne défini en termes d'objectifs, de planification, de processus et de métriques. La définition des objectifs doit porter sur une période définie et, bien entendu, à côté de la définition de sujets et thèmes pouvant être planifiés à l'avance, les contributeurs auront toute la latitude de publier des contenus qui n'étaient pas initialement planifiés au moment de la définition de ces objectifs initiaux. Comme vu plus haut dans cet ouvrage, il est relativement aisé dans SharePoint d'ajouter des processus d'approbation différents en fonction du type de contenu, planifiés initialement ou non.

Cette organisation se retrouvera également retranscrite dans la gouvernance des autorisations utilisateurs, en vous rappelant que l'esprit de SharePoint veut justement que la simplicité de la contribution est voulue de façon à ce qu'un utilisateur bureautique soit en mesure de contribuer dans l'intranet, moyennant une formation de quelques heures sur la création d'une annonce « classique », d'une page « Modern » ou d'un événement...

Enfin, les fonctionnalités de Business Intelligence vues au chapitre 8 du tome 2 vont ainsi vous permettre de mesurer la gouvernance de la contribution, par exemple, en comparant les objectifs initiaux aux types de contenu par famille de contribution effectivement publiés.

LA GOUVERNANCE DE LA CONTRIBUTION DANS LES ESPACES COLLABORATIFS

Concernant la gouvernance de la contribution dans les espaces collaboratifs, au sein de la décennie 2010, l'adoption des pratiques collaboratives a dépassé le stade expérimental du déploiement de sites d'équipe SharePoint, que l'on limitait parfois à des populations d'utilisateurs au sein des services informatiques ou d'ingénierie, pour des espaces d'équipe « permanents » (basés sur l'organigramme) ou projet « ponctuel » (fonctionnant en self-service)[7].

On peut imaginer que se poser la question en termes d'utilisation des espaces collaboratifs concernerait davantage les espaces « projets » ponctuels plutôt que les espaces de travail de type espaces d'équipe ou les applications « Métier » plus permanents :

- En toute logique, les espaces collaboratifs ponctuels, devraient requérir des points d'attention particuliers, compte tenu de la durée d'utilisation de ces espaces, par définition « limitée » dans le temps ;

- Suivant la même logique, les espaces collaboratifs, permanents en prise directe avec les tâches du quotidien, devraient nécessiter moins d'attention dans le dispositif de gouvernance fonctionnelle.

C'est exact mais à la condition que les espaces de travail collaboratifs permanents (équipe et applications métiers) fournissent la qualité de conception attendue par leurs utilisateurs. Soyons conscients que ce sont sur ces deux types d'espaces collaboratifs que se situent les plus grands pans de productivité bureautique à aller chercher ! Comme je l'ai abordé plus haut, le déploiement d'espace collaboratifs SharePoint peut parfois souffrir de sa complexité surtout au regard de la

---

[7] *Cf.* tome 1 de « Adopter SharePoint sans développer »,chapitre 1, page 36.

gestion des autorisations et du fameux principe d'héritage pas toujours facile à maîtriser mais c'est là un argument davantage pertinent lorsqu'il s'agit d'administrer une plateforme de site projet en self-service plus éphémère que pour des sites d'équipes et des applications métiers. Pour ces solutions collaboratives permanentes, le second frein à l'adoption fonctionnelle est davantage à aller chercher au niveau de la qualité de personnalisation des solutions

Si le déploiement qu'offraient ces organisations ne rencontrait pas les usages bureautiques « Métiers » : nul besoin de créer un espace collaboratif pour déposer un fichier comme on le faisait hier sur un ftp:// ; OneDrive suffit complètement à remplir cet usage !

Mettre en place toutes les conditions favorables à la contribution doit poser la question de la qualité de l'expérience utilisateur proposée, et par conséquent, la qualité de la conception de la solution produite. Les phases de conception personnalisée visant à adapter les modèles fournis par Microsoft avec des types de contenus documentaires[8] ou la création d'application bureautique « Métier »[9] ne rentrait souvent pas dans le champ de responsabilités des équipes informatiques et le dispositif en place était alors de laisser un niveau de permissions élevé à certains utilisateurs (propriétaire avec un contrôle total) mais pas assez formés (lorsqu'ils étaient formés) pour pouvoir atteindre les promesses de productivité qu'un SharePoint collaboratif peut laisser miroiter.

Il est ainsi nécessaire d'embarquer toute l'organisation dans un processus de transformation qui commence par la construction d'une vision commune partagée entre le Top management, les managers intermédiaires et les collaborateurs et qui doit ensuite aboutir à une co-construction des applications en impliquant directement les intéressés.

---

[8] *Cf.* tome 1 de « Adopter SharePoint sans développer », chapitre 4, page 231.

[9] *Cf.* tome 2 de « Adopter SharePoint sans développer », chapitre 7, page 94.

Dès lors que les organisations s'intéressent aux usages de leurs collaborateurs, l'adoption des usages collaboratifs a toutes les chances de « prendre » et mesurer le juste apport des contenus va servir à identifier quelles solutions optimisées.

Le dernier obstacle au déploiement d'espaces collaboratifs productifs, mais non des moindres, a été la complexité technique à créer des connexions à des sources de données externes, ce qui limitait par nature le périmètre des informations traitées.

Un problème de vision, un enjeu d'organisation puis des limitations techniques compréhensibles quand s'il s'agit de créer des connecteurs pouvaient ainsi appauvrir les scénarios fonctionnels prenant ainsi le risque de ne pas ancrer dans la réalité opérationnelle de leurs utilisateurs, de façon durable, ces fameux espaces collaboratifs plus productifs. Je n'occulte pas le facteur « Shadow IT » qui fait bouger les lignes dans les organisations car le risque de voir des données se répandre sur des plateformes de données externes au système d'informations de l'organisation s'éloigne tout autant si les organisations décident de s'approprier sérieusement les outils collaboratifs présents sur Office 365.

Et Ms Teams arrive ainsi au bon moment au sur Office 365 pour SharePoint et le déploiement d'espace collaboratif semble vraiment s'accélérer : je démontrerai au dernier chapitre de ce livre que Microsoft a justement apporté des réponses à ces points avec Ms Teams !

LA GOUVERNANCE DE LA CONTRIBUTION DANS LES ESPACES PARTICIPATIFS

Passons maintenant à la gouvernance des espaces « participatifs ». J'appelle espaces participatifs les sites SharePoint à travers lesquels votre organisation déploie des communautés de partage de savoir, d'expertise et d'entraide. Dimension active des fonctionnalités de réseau social (développées dans le tome 2 au chapitre 6), les bénéfices opérationnels de ces espaces sont que l'organisation :

- Constitue un terrain propice au bien-être des collaborateurs grâce à l'identification des talents, à la reconnaissance et à l'engagement ;

- Devient apprenante et plus agile pour apporter la réponse de qualité à une question, un problème, un cas atypique dans des délais plus courts ;

- Mettre en place les conditions favorables à l'innovation incrémentale dans les processus de travail.

Ces espaces ont pour fonction de créer de la valeur en dehors des espaces collaboratifs mais ils peuvent également posséder leur propre fonctionnalité conversationnelle intrinsèque (la fonctionnalité de flux de site de SharePoint, son APP « Forum de discussion » à ajouter, ou les fonctionnalités conversationnelles natives de Microsoft Teams).

Il y a cinq ans déjà, Gartner[10] prévenait qu'il n'y aurait que 10 % de chance de succès qu'une approche « je fournis et je prie » fonctionne, la grande majorité des organisations considérant malheureusement le « collaboratif social » comme une décision de plateforme technologique plutôt qu'une solution à des problèmes « Métier » ou un moyen d'atteindre les objectifs visés. Par conséquent, 80 % des efforts d'adoption de plateforme de collaboration sociale n'ont pas permis d'atteindre les bénéfices estimés

---

[10] Source : Gartner. //blogs.gartner.com/anthony_bradley/2013/04/08/the-success-rate-of-social-collaboration-is-not-10/

à cause d'une suremphase sur la technologie et de l'absence d'une gouvernance adaptée. La gouvernance « communautaire » constitue un domaine spécial de la gouvernance fonctionnelle et il existe des mesures de gouvernance de type « communautaire » qui vont conditionner la réussite. Malgré cette distinction avec le type de gouvernance éditoriale vu précédemment (une communication top–down éloignée des préoccupations quotidiennes des collaborateurs impliqués dans les espaces collaboratifs), je me dois d'écrire, en premier lieu, qu'il existe bien un tronc commun de dispositions éloignées des espaces collaboratifs. Après les avoir énoncées, je développerai les très nombreux aspects spécifiques de la gouvernance communautaire, qui s'expliquent par le fait que c'est l'accompagnement de tous les acteurs de l'organisation qui va permettre d'atteindre les objectifs visés.

BEAUCOUP DE POINTS COMMUNS ENTRE LES GOUVERNANCES ÉDITORIALE ET COMMUNAUTAIRE

Le Community Manager a pour souci commun avec le Webmaster d'éviter également les 2 griefs présentés plus tôt, à savoir ne pas se retrouver devant le constat du « restaurant vide » et ni celui du « restaurant à plats avariés ». Tout comme son homologue en charge de la contribution éditoriale, il doit également éviter que le bond d'intérêt au moment de la phase d'activation initiale soit assimilé à un effet de mode. Il visera à conserver un rythme de croisière satisfaisant en termes d'apport continu de contenu qui permettra alors l'ancrage dans la vraie vie des collaborateurs. Approche cousine de la contribution éditoriale, on peut imaginer que la gouvernance communautaire au service de la création de valeur participative est assurée par un Community Manager, lequel peut planifier son action de façon prévisionnelle, décliner les techniques de promotion et d'animation de forums, identifier de nouveaux thèmes de discussion, organiser des événements en faisant intervenir des praticiens qui témoigneront de leur expérience, diffuseront et animeront des contenus pédagogiques constitués de cas d'usages confectionnés à partir de réussites.

Tout comme la gouvernance éditoriale, il est recommandé que la gouvernance communautaire possède un planning prévisionnel de sujets ou de thèmes à discuter, composé d'objectifs et de métriques de contrôles ; néanmoins, l'amalgame doit s'arrêter là.

Un outil de Réseau social d'entreprise n'est pas un outil de communication qui compte son audience comme l'intranet car une baisse de fréquentation ne doit pas forcément être assimilée à un échec. On estime que la mortalité de 50 % d'un site de communauté au bout de 4 mois reste une donnée normale car on ne connaît pas à l'avance l'espérance de vie de pareil groupe de collaboration. Contrairement à des sites collaboratifs d'équipe basés sur l'organisation interne des services ou à des sites « projet », des espaces de travail ponctuels, définis le temps d'une collaboration, les espaces communautaires n'ont a priori pas d'objectifs de durée, mais seulement des objectifs opérationnels : la conséquence est que l'on observe que seuls 25 % d'entre eux existeront encore au bout de deux ans.

Cela peut aussi être dû à une mauvaise croyance malheureusement trop souvent répandue : la démarche de collaboration « sociale » ne s'anime pas toute seule. Elle possède même ses propres spécificités de gouvernance des contenus que je vais vous présenter ci-après.

LES SPÉCIFICITÉS DE LA GOUVERNANCE COMMUNAUTAIRE

Au début des années 2010, la France démontrait un gros retard par rapport à ses voisins britanniques, italiens et allemands quant à la perception de l'intérêt d'adopter des espaces communautaires participatifs. Il me semble que la France a rattrapé une bonne partie de son retard désormais. Cependant, comme souvent, il est risqué de se limiter à la seule analyse de données chiffrées car, en y regardant de plus près sur l'usage effectif des réseaux sociaux en entreprise, on se rend compte que la plupart des organisations ont bien lancé des projets visant à rendre possible l'émergence des usages communautaires mais elles restent dans un contexte d'expérimentation.

Dans le meilleur des cas, elles s'attachent à comprendre le potentiel d'usage autour d'une ou plusieurs thématiques et elles ne passent pas facilement aux étapes suivantes qui voudraient :

1. Penser « social » un projet « Métier » dès sa conception ou sa refonte, i.e. engager un projet d'application « Métier » en faisant le pari de la création de valeur incrémentale pour appuyer un re-design opérationnel en amélioration continue) ;

2. Intégrer la stratégie « sociale » au schéma d'urbanisation du Système d'information, en réfléchissant à la complémentarité des outils, l'adéquation usage social/application « Métier » et en aller chercher des objectifs opérationnels concrets !

Les organisations ressentent que la gouvernance communautaire possède ses spécificités car, contrairement à la contribution éditoriale basée sur une équipe de contributeurs identifiés, le propre de la contribution participative repose évidemment sur le fait qu'il faut mettre en place le cadre et les leviers pour que chacun participe.

Cela nécessite de mettre en place et d'accepter d'enrichir l'organisation en ajoutant à l'organigramme hiérarchique une mise en réseau « naturelle », se superposant à l'existant et ne remettant pas en cause la structure opérationnelle Département/Service. Ces espaces communautaires permettent ainsi de mettre en place des nouveaux réseaux établis sur des relations non hiérarchiques :

- Des réseaux totalement transverses de partages d'expertise et de bonnes pratiques ;
- Des réseaux fonctionnels et trans-fonctionnels de type entraide, veille et innovation ;
- Les mêmes types de réseaux d'entraide, de veille et d'innovation pour un ou plusieurs métiers, parfois eux-mêmes alimentés par les réseaux fonctionnels.

La vocation de ces espaces est toujours le même : favoriser les apprentissages collectifs en interaction avec les apprentissages individuels, de manière à consolider les apprentissages organisationnels. Toujours dans but d'alimenter la dynamique de l'organisation agile parce qu'apprenante, nous observons que ces espaces vont permettre d'améliorer la circulation transversale de l'information, de partager et de valoriser la connaissance pour :

- Faire émerger la solution de qualité à un problème le plus rapidement possible ou créer de la valeur sur un projet donné ;
- Alimenter l'innovation incrémentale tout en réduisant les cycles d'amélioration continue et de création de valeur comme l'amélioration des processus d'équipe.

Vous êtes-vous déjà demandé si la bonne gouvernance de ces espaces participatifs impliquait que l'on se concentre sur l'exemplarité et l'appropriation de ces nouveaux espaces par le management ? Le « Top Management » a indéniablement un rôle primordial dans la gouvernance de ce type de solution mais ce n'est pas ce type de comportement que l'on attend forcément de sa part. S'il est absolument évident que le projet de changement d'organisation engendré par ces nouveaux usages doit être assumé par le Top Management, il doit surtout être compris et porté par tous les acteurs de l'organisation. Un mandat clair du Top Management est indispensable pour indiquer la direction univoque que les managers intermédiaires vont devoir suivre. Dans ce cas, est-ce que cela implique que les managers intermédiaires soient impliqués dans la création et l'animation de ces espaces communautaires participatifs, avec l'assistance du Community Manager ? J'ai tendance à dire pourquoi pas. Cependant, comme les managers ne peuvent pas être considérés comme des collaborateurs comme les autres, s'ils demandent la création d'un site de communauté, nous nous retrouvons dans la situation d'une communauté gérée par l'organisation au niveau des sujets, avec des thèmes pouvant alors être qualifiés comme « officiels », des espaces pouvant aller jusqu'à une gestion des accès et de la modération par le management. Pour qu'ils fonctionnent, ces espaces de communauté « gérés », au travers desquels l'organisation insuffle des sujets et des thèmes choisis, doivent s'adosser pour durer sur :

- Une nécessaire valeur d'usages « Métier » ;
- Une planification des sujets et des thèmes pas trop rigides, i.e. n'offrant pas que des discussions venant du Community Manager et du Management ;
- Une démarche laissant la place à une écoute respectueuse et bienveillante des collaborateurs qui participent aux discussions ;
- Une libération progressive des fonctionnalités de commentaires, d'évaluation et de réputation si ces aspects peuvent vous apparaître délicats dans un premier temps ; elles restent néanmoins absolument indispensables si vous souhaitez obtenir les bénéfices visés.

Les communautés « gérées », imaginées pour ou par les Managers de l'organisation, ne possèdent ainsi pas la même fibre que les communautés « spontanées », i.e. ces espaces de discussion créés en mode self-service par n'importe quel collaborateur... Pour autant, en termes de gouvernance des contenus, ce n'est pas parce que la communauté est créée par un collaborateur qu'elle doit échapper à des règles définies dans la charte de contribution. Bien au contraire : sur fonds d'objectifs de bien-être au travail, l'organisation ne doit pas se retrouver qu'avec des espaces de communauté de type moments de décontraction, pots de départ, clubs « sports et loisirs ».

Vous pouvez le tolérer tout en ne perdant pas de vue que les objectifs de ces espaces participatifs sont liés à la recherche de l'amélioration du bien-être au travail sur du long terme au travers de la performance collective et de l'amélioration continue. Même un espace créé par un collaborateur peut être en rapport avec ces objectifs car la rentabilité de la démarche de création de valeur peut apparaître « partout ». C'est la justesse de la démarche de création de valeur qui déterminera l'adoption des pratiques communautaires participatives.

J'ai observé qu'il était parfois bon d'encourager fortement les communautés spontanées très tôt car elles avaient le mérite de faciliter l'adoption des communautés initiées et de doper l'engagement partout.

Selon moi, les conditions idéales pour laisser se développer de façon spontanée des espaces participatifs en mode « self-service » sont les suivantes :

- Ces espaces doivent logiquement être ouverts en termes de droits d'accès et au niveau des sujets/thèmes abordés ;
- Ces espaces nécessitent l'établissement d'une charte de participation, d'une définition de rôles de modération, l'activation de la fonctionnalité de suivi de propos choquants, et bien

entendu, l'activation du système de réputation permettant l'identification des talents ;

- Ces espaces n'échappent pas à un suivi des usages en termes qualitatifs (enquêtes et autres métriques d'évaluation) et quantitatifs (suivi de la fréquentation et stratégies de suite que je vais vous présenter ci-après).

Dans certains cas, ces communautés spontanées doivent faire l'attention d'une gestion des risques spécifiques, identique à celle d'une communauté gérée. J'ai déjà croisé des organisations particulièrement craintives quant à l'idée de déployer des espaces de discussions par « peur de libérer la parole ! ». La démarche de collaboration sociale peut se confronter à la crainte de la représentation syndicale (confusion particulièrement « franco-française »).

Est-ce que ce type de crainte est justifié lorsque l'on se souvient que tout utilisateur de SharePoint s'identifie avec un compte utilisateur protégé d'un mot de passe, que chaque action est tracée et que vous ne trouverez pas de contribution ou de commentaire anonyme comme lorsqu'un tract peut avoir été affiché ? Point de police scientifique requise : les journaux d'audit tracent les actions de contribution que vous lui demandez. Néanmoins, si ce type de risque existe dans votre organisation, nul doute que ce point doit être adressé dans votre gouvernance de la contribution participative mais le dispositif que je vais vous présenter va vous permettre d'adresser toute une série de risques de ce type. Ce dispositif est emprunté à la communication de crise et à la régulation de la réputation sur les réseaux sociaux sur internet, et est tout à fait applicable dans le cadre de votre gouvernance des espaces participatifs : pour le Community Manager, ce dispositif va lui permettre de gérer des échanges d'informations qui viendraient en opposition avec les principes définis dans la charte de contribution de ces espaces ou non définis jusque-là, mais qui viendraient affecter le cours normal de l'activité de collaboration (un cours d'action qui dévisse en bourse, des rumeurs de changement important dans l'organigramme...).

Ce dispositif est basé sur trois étapes : l'avant-crise, la crise et enfin, l'après-crise.

Avant la crise, le Community Manager doit adopter une attitude préventive en mettant en place son organisation :

- Connaître ses sujets à risques car « on n'improvise jamais mieux que lorsqu'on sait son texte » ; il faut donc que l'organisation liste les risques structurels et conjoncturels sur lesquels les « attaques » peuvent se produire et préparer les réponses appropriées (validées avec des « experts », le cas échéant) ;

- Définir le dispositif de gouvernance de crise « communautaire » en répartissant les rôles pour une réactivité optimale, voire en prévoyant des contenus en réponse à la crise ; même si on peut déployer des espaces de réponse permanents sur des sujets à risques structurels, la publication de ces éléments est généralement « fantôme » pour concentrer la crise (ces contenus pré-déployés n'apparaîtront uniquement qu'au moment de la crise).

Pendant la crise, l'organisation par son Community Manager doit agir de façon mesurée suivant le plan de gouvernance de crise « communautaire » prévu :

- Agir dès les premiers signes annonciateurs repérés ;

- Gérer le temps en apportant des réponses de façon adaptée, i.e. selon la matrice de fréquence des signaux et proportionnellement au niveau du ton et des contenus ;

- Publier sur l'intranet les contenus de réponse « fantômes » mais ces informations ne seront pas « recherchables » après qu'elles ne seront plus publiées (ce qui permet de faciliter la sortie de crise présentée ci-après).

Après la crise, la gouvernance de crise « communautaire » appelle un travail d'enfouissement :

- Créer et publier du contenu supplémentaire en guise d'argumentaire « fraîcheur » ;

- Retirer de la navigation les billets, commentaires qui ne seront de toute manière non recherchables ;

- Faire le bilan et, le cas échéant, améliorer les réponses appropriées en étape d'avant-crise.

Je vous propose maintenant de quitter les aspects de gouvernance de crise communautaire pour nous recentrer sur ce qui va constituer le sujet principal de la gouvernance Communauté, l'ingrédient indispensable de la réussite, à savoir la qualité de la participation par « la foule ». Elle s'obtient au travers d'un engagement de qualité de la part des collaborateurs sur du long terme. Après la phase de lancement qui va permettre d'activer ces différents espaces, que l'on est idéalement parvenu à ancrer dans la réalité en allant chercher des problématiques « Métier », le propre de la contribution participative est de mettre en place le cadre et les leviers pour que chacun participe. Pour ce faire, je vous propose d'examiner ces conditions de gouvernance idéale à travers deux sujets :

- La mise en place et l'animation d'une communauté de relais ;
- La matrice d'engagement.

La communauté de relais est un dispositif de gouvernance communautaire qui peut servir de soutien à la participation : cela consiste à mettre en place un dispositif d'« ambassadeurs » ou de « champions » dont le rôle de relais sera de servir d'exemple. Les relais sont ainsi des personnes actives dans différentes communautés en tant que contributrices sous formes de création de billets, de réponses ou d'évaluation. Elles ne restent pas passives, ce qui serait le cas si elles fréquentaient ces espaces en adoptant uniquement une attitude de lecture. Être passif dans une communauté est le point de départ de l'engagement et le relais va justement servir de formateur et d'exemple, démontrer que le passage à l'action est possible. Le rôle du relais doit être reconnu au sein de l'organisation : sa mission doit être identifiée, idéalement intégrée aux objectifs personnels par le management. Il est difficile d'estimer à partir de quel taux on se trouve devant un engagement de masse et pour mesurer l'efficacité de l'action des relais car il n'est pas rare d'observer que 90 % des utilisateurs restent dans l'attitude de lecture, donc de passivité dans ces espaces...

Dans ce cas, il est alors de bon ton de regarder cette donnée sous un autre angle, celui de la matrice d'engagement que je vous présente ci-contre. La personne qui participe aux espaces communautaires est une personne impliquée qui maîtrise la démarche associée, qui repose sur les 3 piliers constitués

- Le Savoir : le contributeur participatif est une personne qui maîtrise parfaitement l'outil : vérifier la qualité de l'expérience utilisateur et de supports de formation simples et clairs ;

- Le Vouloir : le contributeur participatif possède un degré de maturité élevé quant à son implication et son altruisme ; altruisme ne signifie pas que l'on est désintéressé en termes de reconnaissance (n'oubliez pas l'importance des fonctionnalités de réputation du site de communauté SharePoint qui incite à la contribution et à la reconnaissance de l'engagement) ;

- Le Pouvoir : lorsque le contributeur sait et veut contribuer mais qu'il vient à « manquer de temps » pour le faire, il est intéressant de se poser la question quant aux possibles freins pouvant être mis par le management de façon plus ou moins conscientes ou explicites parfois : cela est courant lorsque le management n'a pas intégré les bénéfices de la démarche de participation sociale et que le « sens donné à ce que l'on fait » doit être réaffirmé de façon périodique pour réimpliquer toutes les parties prenantes, ce qui est possible lorsque les espaces participatifs ne sont pas suffisamment inscrits dans la « vie réelle ».

L'alignement des pratiques « participatives » avec les réseaux fonctionnels ou métiers est l'axe de progression de l'organisation apprenante. Le mandat clair du management pour opérer ce type de transformation doit logiquement impliquer les ressources humaines dont le rôle va être primordial dans la réussite du projet de transformation. Dans certaines organisations, les ressources humaines sont souvent cantonnées aux fonctions de paie et de recrutement, et lorsque l'on évoque leur rôle quant au projet de mise en place de communautés sociales, elles sont consultées dans le meilleur des cas pour évoquer les champs de profil social.

J'espère vous avoir convaincu, au chapitre 6 du tome 2, de l'importance d'un profil social riche en termes de nombre de champs car ces champs constituent autant d'occasions de mises en relation entre les personnes qui recherchent de l'information et des experts déclarés comme tels dans le réseau social.

Les champs de profil utilisateur, de ce type par défaut dans SharePoint, sont les champs déclaratifs [Me demander], [Projets précédents], [Compétences], [Centres d'intérêts]. Libres à vous d'en ajouter aux sections existantes ou de créer vos propres sections, que vous pourriez composer tel un CV interne numérique. Même si ces données se gèrent par l'intermédiaire du rôle d'administrateur SharePoint Online (sur la console d'administration, sur la page des profils utilisateur), cette gouvernance des champs de profils utilisateur implique, en premier lieu, les ressources humaines. Les ressources humaines doivent intégrer que ces données peuvent être de type « champ de texte libre », contrôlé ou importé d'un logiciel externe mais surtout ce profil social a pour but de favoriser l'engagement et doit par conséquent être le plus personnalisable possible par l'utilisateur pour constituer un instrument de valorisation de soi, accélérateur de reconnaissance et d'engagement dans des espaces participatifs. On attend ainsi des ressources humaines de mettre en place les conditions propices à la détection et la valorisation des talents, indispensables pour une organisation en quête d'auto-transformation.

Le rôle moderne des ressources humaines est ainsi de fournir le terrain propice à un engagement prometteur dans une organisation apprenante et elles devront probablement accompagner les managers intermédiaires, lesquels nous l'avons vu quelques lignes plus tôt, mettent parfois des freins de façon plus ou moins consciente ou explicite à l'engagement de leurs collaborateurs dans les espaces participatifs. Les deux principales raisons à ces freins des managers sont qu'ils craignent des atteintes à la confidentialité des informations et surtout une perte de productivité immédiate, ne parvenant à se projeter dans des scénarios de bénéfices possibles dans des échéances qu'ils contrôlent. Ils ne peuvent ainsi, les yeux fermés, encourager à se rendre dans ces espaces et vont conseiller de le faire en fin de journée ou de semaine, après que l'essentiel du « vrai travail » a été réalisé !

Bonjour la réactivité pour le collègue qui a posté une demande d'assistance un lundi matin.

Pour éviter de devoir effectivement « zapper » entre les espaces collaboratifs traditionnels et les espaces collaboratifs « sociaux », n'oubliez pas d'informer les collaborateurs et leur manager qu'il est possible de créer des alertes pour être averti des actions de contribution sur toute liste ou bibliothèque (c'est également un paramètre de l'échange de News, sur les éditions SharePoint Serveur ; fin de cette fonctionnalité sur Online le 30 juin 2018).

Notifications par courrier	
	☑ Quelqu'un a commencé à me suivre
	☑ Suggestions pour les personnes et les mots clés qui peuvent m'intéresser
	☑ Quelqu'un m'a mentionné
	☑ Nouvelle réponse à une conversation que j'ai commencée
	☑ Nouvelle réponse à une conversation à laquelle j'ai répondu
	☑ Quand une personne répond à mon billet dans une communauté

Les espaces collaboratifs sociaux complètent la collaboration traditionnelle mais, pouvant parfois être perçus comme complexifiant les relations au sein des organisations, ils sont parfois assez peu encouragés par le management intermédiaire au nom de la performance collective, comme nous l'avons évoqué à l'instant, mais la réalité ressemble davantage à une

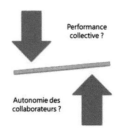

envie très modérée de modifier les règles de fonctionnement de l'organisation. Sans accompagnement, les managers intermédiaires peuvent parfois continuer simplement à fonctionner sur des systèmes de croyances, appartenant à une base culturelle des organisations inspirées du taylorisme et du toyotisme. L'organisation du XXIe ne pourra pas continuer à fonctionner sur ces bases. Comme l'écrivait Buckminster Fuller, « si vous voulez apprendre aux gens une nouvelle manière de penser, donnez-leur un nouvel outil ». Je complèterai cette citation : faites ensuite évoluer les mentalités des managers car ce ne sont pas seulement les outils qu'il faut faire évoluer ; il est absolument nécessaire d'accompagner les changements de comportement des managers intermédiaires, généralement récalcitrants quant aux changements d'organisation. La raison est que les modèles organisationnels en réseau leur sont pour la plupart méconnus. Ils doivent intégrer le potentiel d'une organisation en réseau au sein même de leur activité, plutôt que de la combattre plus ou moins consciemment : en effet, parmi les croyances bien ancrées dans l'esprit des managers intermédiaires, une des plus répandues est que l'augmentation de l'autonomie des collaborateurs va nécessairement baisser la performance collective[11]. Cette idée nous vient directement de la montée du productivisme au cours du XXe siècle et a trouvé (et trouve encore) d'innombrables terrains d'expression dans le fonctionnement d'organisation en processus. Autre croyance profondément enracinée, la relation entre le pouvoir et le savoir est un point

---

[11] Source : Bevort A., Jobert A., Lallement M., Mias A., (s/d) 2012. Dictionnaire du travail, Autonomie et travail, P.U.F., Collection Quadrige.

d'attention particulier lorsque l'on cherche à identifier les freins à la contribution participative. Les managers intermédiaires sont davantage impactés par cette seconde croyance car l'information qu'eux seuls possèdent représenterait un enjeu de pouvoirs. Partager une information resterait un sujet tabou à aborder avec eux car leur fonction est le produit d'une société culturellement élitiste, qui a

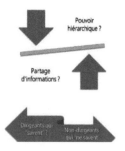

fonctionné depuis le système scolaire sur un clivage de pouvoir basé sur la valorisation du savoir. « Si tu laisses ton voisin copier sur ta copie, tu ne seras plus le seul à engranger une bonne note et tu partageras le fruit de ton effort personnel ». L'éducation a commencé ces dernières années à intégrer la dynamique de groupe pour solutionner des problèmes. La génération des managers intermédiaires actuels sont des collaborateurs qui ont ainsi appris que leur pouvoir hiérarchique s'est légitimé par l'absence de partage de savoir, voire pire de simples informations que l'on pourrait utiliser comme monnaie d'échange... Les organisations hiérarchiques se sont ainsi érigées, entre autres, sur ce type de clivage entre des « dirigeants qui savent » et des « dirigés qui ne savent pas » ! Les nouvelles pratiques de la collaboration « sociale » remettent ainsi en cause le pouvoir statutaire du management intermédiaire : la « dé-taylorisation » de l'organisation est en marche et n'est pas forcément comprise par tous les acteurs impliqués de l'organisation : l'organisation se doit ainsi d'être agile pour apporter la réponse de qualité à un problème dans un laps de temps suffisamment court pour ne pas hypothéquer ses chances de rester dans la compétition. Le changement peut émerger de toute part, et il ne doit pas descendre uniquement des directions, plus aptes à produire des consignes aussi lentes à se diffuser que le nombre de strates hiérarchiques est élevé au sein de l'organisation, un trop grand nombre de strates hiérarchiques freinant les délais de transmission d'information et de décision !

Malgré la volonté du Top Management d'aplanir les organigrammes, d'encourager l'autonomie et la responsabilisation pour laisser la place à davantage de créativité et de réactivité, dans les faits, les organisations limitent souvent la portée des projets de collaboration sociale.

Cette gouvernance ne repose donc pas sur les seules épaules du Community Manager et il appartient aux ressources humaines d'accompagner ce changement de culture d'organisation pour aider les managers intermédiaires à tourner le dos à l'idée que « le savoir, c'est le pouvoir ! ».

Les ressources humaines sont en général pour les projets de plateforme collaborative « sociale » dès lors qu'elles y voient ces bénéfices :

- Généralement pour dépasser les communications institutionnelles, qui cascadent pour s'adresser aux collaborateurs de façon plus directe et authentique ;
- Parfois pour libérer également la parole, en donnant l'occasion aux collaborateurs de s'exprimer, dans le but d'améliorer la cohésion sociale.

Plus que l'amélioration de la communication et de la cohésion sociale, le rôle des ressources humaines est de mettre en place les conditions les plus favorables pour que les collaborateurs puissent trouver le terrain idéal à leur engagement dans le projet de l'organisation. Du point de vue des ressources humaines, la gouvernance de l'entreprise engagée s'appuie sur les indicateurs clés suivants :

- Le taux de rotation du personnel (turnover) par rapport à la moyenne de votre branche sectorielle ;
- Le taux d'absentéisme, toujours par rapport à la moyenne et dont on va pouvoir déduire le taux de présentéisme, inversement proportionnel au taux d'engagement (je ne retiens ici que la partie de la définition suivante : un « présentéiste contemplatif[12] » est un collaborateur qui fait acte de présence sans pour autant posséder l'éthique de l'engagement personnel).

Sur cette base, on attend des ressources humaines, les seules à pouvoir produire ces données, non seulement d'alimenter les « métriques » de cette gouvernance mais surtout de contribuer à l'essor du déploiement de ces nouveaux modes d'organisation en menant à bien les refontes organisationnelles nécessaires. Même si les managers intermédiaires craignent, parfois à juste titre, la réduction de leur effectif (il est vrai que la multiplication des niveaux hiérarchiques inhibe les processus d'apprentissage organisationnels), c'est surtout leur rôle qui va changer : ils vont devoir passer de la posture de « manager qui sait et fournit des réponses aux questions » à celui de « leader qui fournit une vision et inspire ».

---

[12] Définition : //fr.wikipedia.org/wiki/Pr%C3%A9sent%C3%A9isme

Les managers intermédiaires qui sont prêts à épouser le rôle de leader vont devoir accepter de nouvelles conditions d'exercer leur fonction :

- Prendre le risque de se dévoiler comme ignorant sur un sujet ;

- Craindre le débat d'idées dans un espace de travail ayant tendance à atténuer la hiérarchie ;

- Se sentir destitué de la position « chef des réponses » (« Je dis, ils le font ») au rang de « faire les choses comme les autres » (« Nous pensons ensemble ») ;

- Craindre que ces configurations créent du travail supplémentaire qui ne produit pas les résultats escomptés (trop de temps consacré à des discussions improductives, aboutissant pour finir à trop peu de décisions, trop de recadrage et moins de temps consacré au « vrai travail »).

Si certains managers pensent que leur organisation n'est pas prête, imaginez-vous un peu la question en retour que peut leur poser en toute légitimité les ressources humaines : « à partir du moment où l'organisation a recruté des collaborateurs de qualité, existe-t-il des raisons de ne pas les écouter ? ». Les collaborateurs doivent de plus en plus résoudre des problèmes non prévus, apprendre continuellement de nouvelles choses pour faire leur travail : il devient logique qu'ils aimeraient alors pouvoir appliquer leurs propres idées à l'exécution de leur travail. Dans les organisations apprenantes qui se développent dans ces espaces de collaboration conversationnels et participatifs, l'objectif du manager leader est désormais de faire émerger l'intelligence collective au sein de son groupe par la mise en place d'une réelle dynamique de changement dans laquelle il explique, stimule et participe de façon active à la transformation des processus métiers et des outils. Le manager accepte ainsi, dans son propre service, le concept d'agilité qui remet en question ce bon vieux modèle taylorien du travail qui a vécu, basé sur la verticalité, le découpage des tâches et qui engendrait trop de déresponsabilisation des collaborateurs. Un des dangers qui guettent une organisation est la perte de confiance de ses collaborateurs dans l'avenir. En faisant le pari de l'intelligence collective pour trouver des solutions de qualité plus rapidement, le management intermédiaire et les ressources humaines s'adaptent ainsi aux nouvelles demandes des collaborateurs et mettent en place une culture d'entreprise libérée qui constituera demain l'un de ses avantages compétitifs les plus originaux. Les ressources humaines doivent accompagner les pratiques managériales car l'intérêt de la démarche et une vision commune ne suffisent pas à motiver le changement : le rôle des ressources humaines dans la gouvernance participative va être de rassurer et d'embarquer les managers intermédiaires en leur inculquant une nouvelle posture du management qui parvient à mobiliser l'intelligence collective, en les transformant en managers de l'« apprenance », bienveillants avec les acteurs engagés dans la transformation digitale permanente. Or le défi est de taille car les managers intermédiaires sont tous les jours aux prises avec de nombreux problèmes puisqu'ils doivent aller plus vite, améliorer la performance, réduire les coûts, préparer leurs budgets, diffuser leurs rapports aux différentes strates hiérarchiques concernées... Avec les bouleversements en cours (les ruptures sur les marchés et dans les comportements et valeurs des salariés), les managers sont donc confrontés à la difficulté d'intégrer le travail en équipe, de faire grandir les talents, de faire preuve d'empathie, de détecter les présentéistes contemplatifs, de faciliter l'innovation pour permettre à l'organisation de se réinventer, tout en veillant à conserver une vraie cohérence si on ne veut pas qu'elle dépérisse, soit un nombre croissant de paramètres pouvant faire figure de paradoxes. Pour accompagner le changement auprès de ses managers, la direction générale devra avoir des points d'attention particuliers à leur égard pour la mise en œuvre : la seule « vision commune » ne suffit pas et un plan d'action, fait de formations spécifiques, d'un système de support à l'action et des primes sur objectifs, permettra d'éviter la confusion, l'anxiété, la résistance, la frustration et les faux départs.

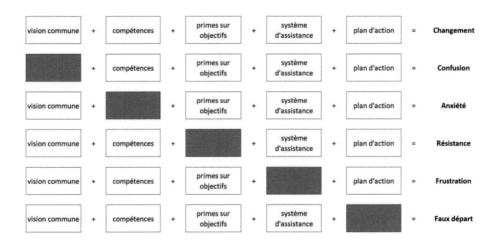

Adapté de Knoster, Villa, Thousand (2000). "Restructuring for caring and effective education: piercing the puzzle together" (pp.93-128

Ce dispositif va permettre à nos managers de parvenir à sortir de leur zone de confort, de traverser les zones de peur et d'apprentissage pour gagner enfin la zone de croissance[13].

Les comportements de lâcher prise (pour atteindre la zone de peur) puis de prise de risque (pour traverser la zone de d'apprentissage) requièrent un accompagnement tandis que la zone de croissance ne sera atteinte qu'après une phase d'expérimentation et de consolidation. L'approche de changement complexe nécessite donc d'adopter une approche itérative « Test & Learn » pour progresser et la gouvernance aura pour fonction de mesurer l'efficacité du dispositif, d'identifier les réussites, de partager les bonnes pratiques et de valoriser les progrès réalisés pour convaincre les attentistes.

---

[13] Source : Jérome Frugère (2019) ; www.entreprenance.com

L'adoption des fonctionnalités de réseaux sociaux appliqués aux processus constitue probablement la prochaine fracture numérique et organisationnelle. Lorsque l'on met toute cette vision d'organisation en perspective et ces fonctionnalités, j'espère vous avoir convaincu qu'il serait risqué de :

- S'en priver comme il est possible de le faire sur SharePoint Serveur, en ne déployant ni les profils utilisateurs, ni les fonctionnalités conversationnelles comme la fonctionnalité de site « Flux de site », l'APP « Forum de discussion », les collections de site et les modèles de sous-site de communauté ;

- Les ignorer comme il est possible de le faire sur SharePoint Online, en désactivant Delve, en cachant les onglets de recherche « Discussions » et « Personnes », en ne déployant pas les fonctionnalités conversationnelles comme la fonctionnalité de site « Flux de site », l'APP « Forum de discussion », les collections de site et les modèles de sous-site de communauté.

Ce paragraphe sur la gouvernance de la collaboration participative n'a eu de cesse de vous sensibiliser à la manière de s'y prendre, de vous présenter le « comment ? » mais vous pouvez craindre y mettre une énergie folle si vous n'avez pas suffisamment convaincu des bénéfices de la démarche. La gouvernance de la contribution participative est forcément celle qui a le plus besoin de donner du sens à ces nouvelles actions quotidiennes, à ce nouveau type d'engagement dont ont besoin nos organisations, et on ne passera jamais trop de temps qu'il n'en faut à expliquer la vision.

Il faudra répéter le « pourquoi ? » de cette démarche, le sens du changement recherché, auprès des parties prenantes, autant de fois que ce sera nécessaire... Avant d'analyser les statistiques d'utilisation qui vont vous permettre de suivre l'activité, vous pouvez prendre une mesure préventive pour limiter le trop plein de données, de façon, je vous l'avoue, plus ou moins pertinente, en gérant de façon préventive les limites de stockage autorisées par collection de sites.

L'administrateur SharePoint Serveur ou Online peut gérer les quotas de stockage autorisés dans les collections de sites. Sur Online, l'administrateur SharePoint Online va utiliser le menu d'administration « Modern » pour mettre en place la gouvernance des espaces en libre-service en cliquant dans le menu sur [Paramètres] puis sur [Limites de stockage des sites] pour définir si toutes les collections de site disposeront de l'espace de stockage maximum porté par défaut à 25 To ou si vous souhaitez définir une limite de stockage maximale par collection de sites. N'oubliez pas que, derrière la création d'un espace Microsoft Teams, il y a la création d'une collection de sites d'équipe « Modern » et que par conséquent, vous indiquez également ici la limite de stockage de vos Microsoft Teams. Si vous choisissez de gérer le stockage de collections de site manuellement, le quota de stockage est ensuite paramétrable pour chaque collection de site au moment de la création de la collection de sites (minimum 1 Go), puis tout au long de la vie des collections de site, en activant les notifications vers les propriétaires lorsqu'une part de l'espace de stockage est atteinte (dans les menus d'administration SharePoint Online classique ou « Modern »).

L'espace de stockage compris dans votre abonnement dépend du nombre de licences que vous utilisez (1 To + 10 Go par utilisateur début 2019).

Si vous pensez que la limitation des types de fichiers autorisés peut constituer un moyen de gérer les quotas de collections de sites, je vous laisse lire l'encart ci-après.

| **Gérer les types de fichier autorisés et interdits** | Dans l'esprit des Directions informatiques, c'est généralement le RSSI qui définit les types de fichiers interdits dans le système d'information. Dans SharePoint, la gestion des types de fichiers, qu'il sera interdit de charger dans une bibliothèque ou dans une liste, diffère que vous soyez : |

- Sur Online (l'administrateur SharePoint Online), il n'existe aucune limitation relative aux types de fichiers autorisés de télécharger !

- Sur le centre d'administration centrale du serveur (l'administrateur SharePoint Serveur) ; par défaut, sur SharePoint Serveur, Microsoft a appliqué des restrictions sur les types de fichiers autorisés : la liste des fichiers bloqués par défaut est indiquée à l'adresse https://support.office.com/fr-fr/article/types-de-fichiers-qui-ne-peuvent-pas-être-ajoutés-à-une-liste-ou-une-bibliothèque-30be234d-e551-4c2a-8de8-f8546ffbf5b3 et vous constaterez que la liste des fichiers bloqués sur SharePoint 2016 s'est raccourcie par rapport aux éditions SharePoint 2010 et 2013 ; sur le centre d'administration centrale du serveur, l'administrateur de la batterie de serveurs SharePoint peut gérer les types de fichiers qu'il est autorisé de télécharger.

N'oubliez pas que l'infobésité est une conséquence néfaste pour le système d'information, affectant la gouvernance des contenus par des effets sur la pertinence. Pour gérer de manière préventive le fait que vous conservez malgré vous des collections de site inutilisées depuis longtemps, vous pouvez surveiller les statistiques d'utilisation présentées pages suivantes.

Suivre l'activité dans les espaces de contribution

Il existe dans SharePoint des fonctionnalités de recueil de données appelées rapports de popularité, plus traditionnellement des « Web Analytics » utiles pour mesurer la consultation des utilisateurs, soit l'efficacité du dispositif d'adoption pour les différents types d'espace de publication ou de collaboration :

- La consultation de l'intranet dont le succès repose sur une contribution de type éditorial ;

- La fréquentation des espaces collaboratifs traditionnels ;

- La fréquentation des espaces collaboratifs communautaires et participatifs.

Ces statistiques sont des données de consultation et vous pouvez penser a priori qu'il y aura moins d'intérêt à suivre ces statistiques sur les sites d'équipe ou sur les applications « Métier », ces espaces collaboratifs permanents, « connectés à la vie réelle ». A contrario des sites projet, par définition, plus éphémères, la persistance de leur existence après utilisation peut constituer non seulement une entorse à une règle de conservation des données mais surtout du « bruit » dans la navigation et la recherche, reproduisant les travers de l'infobésité dans les e-mails, les serveurs de fichiers, le système d'information en général.

Ces statistiques peuvent donc servir à améliorer de façon générale la gouvernance des contenus ; ces statistiques de popularité ne comportent que des données anonymisées et sont représentées sous la forme d'au moins quatre indicateurs : le nombre de visites par jour, le nombre de visites par mois, le nombre de visites par utilisateur unique par jour et le nombre de visites par utilisateur unique par mois.

Vous pouvez commander manuellement la production de ces statistiques sur quatre échelles :

- Les éléments de bibliothèque,

- Les APPs, uniquement de type bibliothèque,

- Le site,

- La collection de sites.

Ces quatre types de données sont tracées et enregistrées par un programme qui s'exécute automatiquement de façon quotidienne, appelée « Timer Job » puis injectées dans un fichier Excel (sauf au niveau de l'APP), comportant tableaux et graphiques préformatés.

Le fichier appelé « utilisation.xls » liste par défaut les informations liées à la popularité [Accès (nombre d'accès) et utilisateurs uniques (nombre d'utilisateurs uniques)].

L'élément de bibliothèque

Les statistiques de consultation de tout élément de bibliothèque (pages, documents, images, vidéos...) sont accessibles pour tout utilisateur disposant du niveau d'autorisations « Gérer la liste » dans la bibliothèque donnée (en expérience classique seulement, au moment où je boucle ce livre) :

1. Sélectionner l'élément/ou le fichier ;

2. Cliquer sur l'onglet de l'élément/du fichier sur le bouton de fonction [Tendances de popularité].

La bibliothèque

Les statistiques au niveau de la bibliothèque ne sont accessibles que pour un utilisateur disposant de l'autorisation « Gérer la liste » dans le ruban (en expérience classique uniquement, au moment où je boucle ce livre) :

1. Cliquer sur l'onglet de la bibliothèque/liste sur le bouton de fonction [Éléments les plus populaires] ;

2. Confirmer l'ouverture du fichier Excel généré.

Le site

Les statistiques au niveau du site sont accessibles pour l'administrateur de la collection de sites et tout utilisateur disposant de l'autorisation « Gérer le site » :

1. Cliquer sur [Paramètres] > [Paramètres de site] > [Tendances de popularité] (sous « Administration du site ») ;

2. Confirmer l'ouverture du fichier Excel généré.

Dans l'expérience moderne, une page de statistiques vous attend en cliquant depuis la page « Contenu de site » *via* le ruban d'édition. Sur une page « Modern », l'expérience de consultation des Web Analytics peut s'effectuer sans fichier Excel en accédant à la page SharePoint (... /_layouts/15/siteanalytics.aspx) puisque la roue dentée « Paramètres » propose la page « Utilisation des sites » qui comporte les statistiques relatives au site (visites sur le site, visiteurs uniques) mais également aux fichiers les plus consultés sur le site.

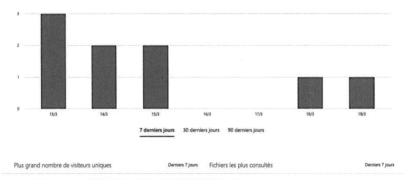

7 derniers jours   30 derniers jours   90 derniers jours

Plus grand nombre de visiteurs uniques   Derniers 7 jours   Fichiers les plus consultés   Derniers 7 jours

La collection de sites

Il existe des statistiques au niveau de la collection de sites accessibles uniquement pour l'administrateur de la collection de sites :

1. Cliquer sur [Paramètres] > [Paramètres de site] > [Rapports de popularité et de recherche] (sous « Administration de la collection de sites ») > le fichier « utilisation.xls » ;

2. Confirmer l'ouverture du fichier Excel généré.

Si vous ne trouvez pas cette page, c'est que vous vous trouvez sur un site d'équipe « Modern », sous un espace Microsoft Teams : cette page est effectivement cachée mais on peut accéder directement par l'URL .../ layouts/15/Reporting.aspx?Category=AnalyticsSiteCollection. L'explication de la règle de conception est devenue « 1 collection de sites par groupe de travail » mais la gouvernance de ces sites « Modern » implique d'offrir des informations par collection de site au niveau du centre d'administration SharePoint. Sur le centre d'administration SharePoint « Modern » uniquement (sur Office 365), l'administrateur SharePoint peut visualiser les Web Analytics d'utilisation des collections de sites SharePoint (classiques et modernes - dont les Ms Teams- mais également les OneDrive) jusqu'à 180 jours en arrière.

On notera au passage un nouveau rôle dans la gouvernance depuis que l'administrateur SharePoint Online peut déléguer la gestion de la connexion des hubs.

Sur la page « Sites actifs » du centre d'administration SharePoint « Modern », l'administrateur SharePoint Online possède pour chaque collection de sites :

- Une colonne indiquant le jour de la dernière activité ;

- Dans le volet information, le nombre de pages vues, le nombre de fichiers affichés ou modifiés au cours des 30 derniers jours, complétant le jour de la dernière activité.

L'intérêt est limité pour réaliser un suivi fin de la consultation dans les collections de sites à gouvernance éditoriale : pour étudier ce qu'il se passe dans l'intranet traditionnel, vous aurez besoin de données fines à propos des pages d'accueil, des pages passerelles, des pages de contenu et des fichiers au niveau des bibliothèques comme vu auparavant.

LA GOUVERNANCE DE LA QUALITÉ DES CONTENUS

Je viens d'achever la section précédente en posant la question du suivi de la consultation des contenus partagés sur SharePoint et, forcément, à côté de la surveillance de l'apport et de la consultation des contenus, la question de la qualité doit aussi se poser en ce sens : ces contenus sont-ils toujours à jour ? Les retrouve-t-on aussi facilement que ce que l'on devrait ? Ne rentrent-ils pas en conflit avec les règles de publication ou de conservation de données en vigueur au sein de mon organisation ? Cette section consacrée à la bonne gouvernance des contenus va ainsi traiter des aspects qualitatifs :

- Non seulement la gestion de la pertinence, au regard des fonctionnalités de classement, de navigation et de recherche que vous utilisez dans vos solutions SharePoint...

- ...mais également du respect des règles de conformité auxquelles votre organisation a besoin de se conformer.

La gestion de la pertinence

La question de la gouvernance de la qualité peut se poser en termes de pertinence ressentie dans l'expérience utilisateur. On peut ainsi recueillir des indices sur la qualité du travail de contribution, perçue au travers de l'examen de l'utilisation du moteur de recherche, non seulement au niveau du choix des métadonnées classant les contenus mais également au niveau des choix des libellés ou des termes organisant la navigation (la navigation avec la fonctionnalité de publication de SharePoint Serveur permet d'utiliser une navigation liée à un ensemble de termes). Beaucoup de parties prenantes peuvent par conséquent être impliquées : gestionnaire de site pour la navigation, administrateurs du magasin de termes et administrateur de collections de sites de recherche accédant aux rapports de recherche sont par défaut des acteurs impliqués au premier plan dans la gouvernance d'une solution de qualité.

Les rapports de recherche

L'administrateur de collection de sites peut générer des rapports prédéfinis qui enregistrent la relation entre les utilisateurs et leurs requêtes : si vous êtes administrateur, dans les paramètres de site, sous le menu d'administration de la collection de sites, vous devez cliquer sur [Rapports de popularité et de recherche].

Les rapports de recherche, simplement évoqués dans le chapitre du tome 1 consacré au moteur de recherche, constituent la première pierre de la gouvernance de la qualité de la contribution puisqu'ils permettent d'obtenir différents rapports complètement anonymes, déclinés par jour ou par mois :

- Requêtes les plus fréquentes,
- Requêtes abandonnées,
- Requêtes sans résultat,
- Utilisation des règles de requête.

REQUÊTES LES PLUS FRÉQUENTES (PAR JOUR OU PAR MOIS)

Comme leur intitulé l'indique, les rapports « requêtes les plus fréquentes... » (par jour ou par mois) vous permettent de connaître les mots les plus utilisés dans la recherche, de dégager des tendances comme l'apparition de nouveaux mots-clés, à intégrer potentiellement dans vos listes de termes, de synonymes ou d'acronymes.

REQUÊTES ABANDONNÉES (PAR JOUR OU PAR MOIS)

Les rapports « requêtes abandonnées... » (par jour ou par mois) vous livrent la liste des mots recherchés qui n'ont, par la suite, pas donné lieu à l'ouverture d'un document depuis la page des résultats ; cela signifie qu'aucun résultat proposé ne semble suffisamment « pertinent aux yeux de l'utilisateur » pour donner lieu à une action d'ouverture de document, comme si cet utilisateur ne trouvait pas dans cette liste un certain document qu'il avait bien en tête (le fait que les données soient anonymisées peut constituer ici un obstacle fatal à l'analyse).

REQUÊTES SANS RÉSULTAT (PAR JOUR OU PAR MOIS)

Les rapports « requêtes sans résultat » (par jour ou par mois) sont plus simples à comprendre : les mots-clés qui y sont listés ne remontent aucun résultat des index de recherche...

Pour identifier s'il s'agit d'un problème, il faut :

1. Commencer par vérifier si ces mots-clés sont réellement susceptibles de faire partie du « jargon » de l'organisation (termes et acronymes, à intégrer dans la gouvernance des métadonnées ci-après) ;

2. Puis vérifier si certains sites puis certaines APPs susceptibles de contenir pareil élément ne seraient pas « sortis des index » (les utilisateurs disposant de l'autorisation « Gérer le site » peuvent exclure un site entier de la recherche sur la page « Disponibilité du mode hors connexion et de la recherche » depuis la page des paramètres de site ; de même, les utilisateurs disposant des autorisations « Gérer les listes » ont la possibilité de ne pas autoriser l'affichage du composant liste ou bibliothèque dans les résultats de recherche sur la page de paramètres avancés de leur APP).

Si aucune de ces pistes ne vous a permis de résoudre un problème que vous qualifiez de gênant et récurrent, il est possible que l'administrateur SharePoint Serveur aille jusqu'à supprimer les index existants puis relancer une indexation complète pour en reconstituer de nouveaux car il peut arriver que des index soient corrompus (sur Online, passez par une demande au support Microsoft).

UTILISATION DES RÈGLES DE REQUÊTE (PAR JOUR OU PAR MOIS)

Enfin, les rapports « Utilisation des règles de requête » (par jour ou par mois) permettent de mesurer l'intérêt des règles de requêtes que vous aurez créées ; pour rappel[14], créer une règle de requête permet de promouvoir, en fonction de certaines requêtes prédéfinies :

- Un résultat sous forme d'un lien vers n'importe quel élément SharePoint (ou autre URL Web) ;
- Un bloc de résultats de recherche personnalisés grâce à une autre requête personnalisable (pouvant donner des résultats centrés sur l'utilisateur ou n'importe quelle colonne « requêtable » dans le schéma de recherche, par exemple).

Ces rapports vont vous livrer des précieuses informations pour mesurer la qualité du classement (les métadonnées utilisées) mais également la qualité de la navigation mise en place, comme dans l'exemple du résultat promu présenté ci-après.

Exemple de règles de requête	Une règle de requête permet de créer un ou plusieurs résultats promus mais également un ou plusieurs blocs de résultats de recherche ; prenons l'exemple dans lequel vous recherchez l'APP dans laquelle sont rangés les CV de votre équipe ? Vous saisissez alors « CV » ou « Curriculum vitae » :

- ➢ Avec un résultat promu, SharePoint peut vous répondre en vous fournissant l'URL de la bibliothèque des CV avec un message d'action que vous pourrez personnaliser librement ;
- ➢ Avec un bloc de résultats, SharePoint peut vous répondre en vous proposant votre CV (lié par le fait que ce document ait été attribué à vous, ait été créé ou modifié par vous en dernier, par exemple).

---

[14] Tome 1 de « Adopter SharePoint sans développer », chapitre 5, page 285.

La gestion de la navigation

Nous allons voir que la navigation peut être personnalisée au niveau de chaque site mais également au niveau de la recherche.

AU NIVEAU DE CHAQUE SITE

En termes de gouvernance de la navigation, quiconque possédant l'autorisation « Gérer les listes » dans un site a la possibilité de personnaliser les barres de navigation de son site sauf si :

- Vous héritez de la barre de liens supérieurs d'un site parent, que nous ne gérons pas par ailleurs ;

- Vous utilisez la barre de liens d'un site hub, que nous ne gérons pas par ailleurs.

En dehors du côté esthétique, la barre de liens de site hub apporte un gain en termes de gouvernance de la navigation.

AU NIVEAU DE LA RECHERCHE

Vient ensuite la question de l'indexation des pages dans la recherche : la majorité de mes clients ont pour première impression que la recherche de SharePoint remonte trop de « bruit » et cette impression est généralement confirmée par le sentiment que trop de pages de sites figurent dans la recherche alors que ces pages ne sont, en général, pas des pages de contenu mais des pages d'accueil ou des pages « passerelles ». Il est donc tout à fait légitime de ne pas subir cette présence de pages intempestives et de se poser la question de l'opportunité d'indexer les bibliothèques de pages de sites. Vous souhaitez conserver les pages dans les index car vous possédez des pages de contenu mais vous souhaitez réduire le « bruit » ? Au niveau des paramètres de site, sur la page « Disponibilité du mode hors connexion et de la recherche », tout utilisateur disposant de l'autorisation « Gérer le site » a la possibilité :

- D'exclure un site entier de la recherche ;

- De retirer les WebParts des résultats de recherche pour éviter que des éléments n'apparaissent dans les résultats de recherche au beau milieu d'une page composée de nombreux éléments...

A contrario, dans le but de faciliter la navigation, on peut décider d'investir dans l'amélioration de la navigation au travers du moteur de recherche ; vous pouvez ainsi utiliser le couple suggestions-liens promus pour construire une navigation basée sur la recherche :

- La personnalisation des suggestions de recherche ; un administrateur SharePoint Serveur ou SharePoint Online peut personnaliser les suggestions de recherche, lesquelles s'alimentent par défaut naturellement sur la base de la règle suivante : une requête est enregistrée comme suggestion dès lors qu'elle a été saisie 5 fois dans une langue donnée et qu'elle a été suivie de l'ouverture d'un résultat de recherche (sur la version Serveur, il est possible de changer le nombre de fois ; pas sur SharePoint Online) ; pour préparer votre liste de suggestions, vous pouvez prendre un simple fichier TXT et saisir chaque mot ou expression suggérée, séparé par un simple retour à la ligne !

- La fonctionnalité de règle de requête permet de promouvoir un lien lorsqu'une requête particulière a été saisie : le résultat promu peut ainsi avoir été « pertinemment suggéré » comme dans l'exemple ci-dessous !

La gestion des métadonnées

Dernier paragraphe consacré à la gouvernance de la pertinence, j'y traite le sujet de la gestion des métadonnées. Comme dans toutes les autres parties de ce chapitre, je n'y traiterai pas de la qualité de la conception mais de la gouvernance d'une solution en place (en phase de *Run*). Les métadonnées peuvent se gérer, tout au long de la vie de l'application, au niveau de trois niveaux :

- Les colonnes de site et d'APP ;
- Le magasin de termes ;
- Le schéma de recherche.

COLONNES DE SITE ET D'APP

Les colonnes de sites et d'APP ont peut-être été personnalisées au cours de la phase de conception mais elles peuvent également être personnalisées en cours d'utilisation de la solution, de manière à intégrer des corrections (maintenance corrective), des adaptations (maintenance adaptative) ou des évolutions (maintenance évolutive). En termes de gouvernance, rappelez-vous bien que :

- Les colonnes d'APP peuvent être ajoutées, modifiées et supprimées pour tout utilisateur possédant l'autorisation de gérer les listes ;
- Les colonnes de site peuvent être ajoutées et retirées à toute APP par tout utilisateur possédant l'autorisation de gérer les listes ;
- Les colonnes de site personnalisées peuvent être ajoutées, modifiées et supprimées par tout utilisateur possédant l'autorisation de gérer le site.

Autant vous dire que je recommande de bien mesurer ce qui est accordé en termes d'autorisations à vos utilisateurs, surtout si vous souhaitez éviter que la solution définie et livrée à la fin d'un projet ne soit vite dénaturée.

LE MAGASIN DE TERMES

J'ai présenté à quoi servait et comment fonctionnait le magasin de termes au chapitre 4 du tome 1 : le magasin de termes est l'endroit où l'organisation peut gérer son référentiel de mots-clés, multilingue, centralisé et/ou spécialisé. Il est particulièrement intéressant de l'utiliser lorsqu'il s'agit d'indexer précisément les éléments contenus dans les APPs de type référentiel ou applications « Métier ». Ces APPs s'appuient sur un magasin de termes centralisé lorsqu'il existe des enjeux forts de précision dans la recherche ou des étapes de traitements : dans ce cas, il faut nécessairement connecter votre APP au magasin de termes par le biais de la création d'une colonne de type « Métadonnées gérées ».

Gouvernance autour de la colonne de type « Métadonnées gérées »

Comme vu dans le paragraphe précédent, il faut posséder l'autorisations « Gérer les listes » pour être en capacité de créer, modifier et supprimer une colonne d'APP et l'autorisation « Gérer le site » pour être en capacité de créer, modifier et supprimer une colonne de site mais ce n'est pas tout.

Cet utilisateur a ensuite le choix entre :

- Créer son ensemble de termes, qui pourra être multilingue mais qui ne sera pas partageable entre collections de site ;

- Connecter sa colonne au magasin de termes en choisissant dans les groupes de termes proposés (multilingues et partageables entre collections de sites), un ensemble de termes, un terme parent ou enfant à partir duquel il choisira les termes à proposer ; avec son seul droit de créer une colonne, il ne gère cependant pas les termes proposés dans l'ensemble de termes qu'il choisit (il est nécessaire de posséder des autorisations spécifiques pour gérer les termes proposés).

Gouvernance dans le magasin de termes

La gouvernance du magasin de termes se pose très tôt lorsque l'on s'intéresse à cette famille de fonctionnalités pour la simple raison que nous sommes en présence de rôles spécifiques, éloignés de la gouvernance informatique traditionnelle, exposée à la gestion des autorisations et des utilisateurs.

Il est possible de se rendre sur la page de gestion du magasin de termes,

- À partir de la page de l'administration des collections de sites classique, en cliquant sur le lien du bandeau gauche [Magasin de termes] en tant qu'administrateur SharePoint Online ; sur SharePoint Serveur, l'administrateur trouve le magasin de termes sur la page « Manage Service Applications » puis en cliquant sur [Manage Metadata Service Application] ;
- À partir de la page « Paramètres du site », cliquer sur [Gestion de la banque de termes], sous « Administration du site ».

Lorsque vous arrivez sur cette page, même lorsque vous possédez le plus haut niveau d'autorisations qui existe dans SharePoint (à savoir, administrateur du serveur SharePoint ou administrateur Office 365/SharePoint Online), vous ne possédez pas pour autant le rôle d'administrateur du magasin de termes mais vous êtes en capacité de mettre en place la gouvernance du magasin de termes en attribuant à vous-même ou à d'autres les différents rôles dédiés à la gestion des termes :

- L'administrateur de magasin de termes,
- Le responsable et collaborateur d'un groupe d'ensemble de termes,
- Le propriétaire d'un ensemble de termes, le contact et participant d'un ensemble de termes.

Comme son intitulé l'indique, dès qu'il est nommé parmi la liste des utilisateurs (il est recommandé d'indiquer plusieurs utilisateurs), un administrateur de magasin de termes est en capacité de gérer le magasin de termes ; il y est omnipotent (création, modification, suppression) pour l'ensemble des groupes de termes, les ensembles de termes et les termes qui y figurent au niveau du serveur.

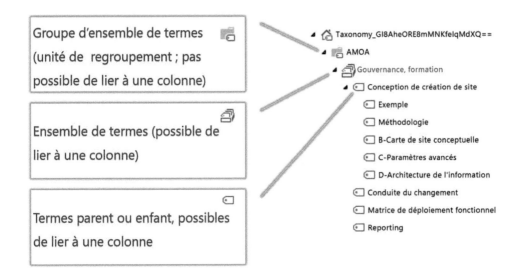

Il gère les groupes de termes par défaut comme les ensembles « « Personnes, « Rechercher des dictionnaires » et « Systèmes » (vous retrouvez dans « Système » la gestion des balises #tags, les mots-clés d'entreprise et les termes orphelins, i.e. supprimés ou non recommandés). En revanche, il ne voit pas les ensembles de termes créés au niveau d'une collection de sites a contrario de l'administrateur de ladite collection de sites et de tout utilisateur y possédant les autorisations de gérer les listes et les sites. Enfin, il gère le magasin de termes au niveau des rôles puisqu'il peut assigner, à n'importe quel utilisateur, n'importe quel rôle présenté ci-après.

Un responsable d'un groupe de termes (un ou plusieurs utilisateur ou groupes d'utilisateurs) possède tous les droits au niveau de son groupe d'ensemble de termes ; par conséquent, il peut :

- Créer, modifier et supprimer des ensembles de termes ainsi que leur contenu, à savoir des termes déployés sous forme d'arborescence parent-enfants ;

- Nommer des collaborateurs qui possèdent les mêmes autorisations que lui sur la création, la modification et la suppression des ensembles de termes et de leur contenu dans le groupe de termes ;

- Nommer les propriétaires, les contacts et les participants d'ensemble de termes présentés ci-dessous.

⇨ LE PROPRIÉTAIRE D'UN ENSEMBLE DE TERMES, LE CONTACT ET LE PARTICIPANT D'UN ENSEMBLE DE TERMES

Dans la continuité du principe des poupées russes (successions en cascade), finissons donc par la gouvernance d'un ensemble de termes donné. Un propriétaire d'un ensemble de termes (un utilisateur ou groupes d'utilisateurs) possède tous les droits au niveau de son ensemble de termes ; par conséquent, il peut :

- Créer, modifier et supprimer des termes dans son ensemble de termes sous forme d'arborescence parent-enfants mais également définir les options présentes sur les autres onglets de paramétrage comme utilisation prévue, tris personnalisés, pages pilotées par les termes, propriétés personnalisées et traduction ;

- Nommer un ou plusieurs participants qui seront alors informés des modifications apportées à l'ensemble de termes ;

- Choisir entre les positions ouverte et fermée de la stratégie d'envoi :

✓ Fermée signifie que seul le propriétaire est en mesure de gérer la liste de mots-clés hiérarchisée de l'ensemble de termes ;

✓ A contrario, la position « ouverte » permet de laisser aux contributeurs la possibilité de compléter la liste de mots-clés hiérarchisée.

▪ Indiquer une adresse e-mail de contact, qui servira seulement si la « stratégie d'envoi » du magasin de termes est positionnée sur « fermée » ; dans ce cas, l'adresse e-mail de contact sert à obtenir des commentaires ou des suggestions de la part des contributeurs sur la qualité de l'ensemble de termes.

SCHÉMA DE RECHERCHE

Qui dit gestion des métadonnées, dit gestion de cette colonne dans la recherche ; tout ajout de colonnes de liste ou de site peut impliquer une réflexion quant à l'intégration au schéma de recherche de SharePoint :

▪ Cette colonne doit-elle figurer dans les index et, par conséquent, être visible dans les résultats de recherche ?

▪ Est-il intéressant d'utiliser cette colonne dans des pages de résultats pour filtrer les résultats dans certaines pages de résultats de recherche ?

▪ Est-il intéressant d'utiliser cette colonne dans des pages de résultats pour trier les résultats dans certaines pages de résultats de recherche ?

Quand on se sait que :

- Par défaut, les colonnes d'APP ne figurent pas dans le schéma de recherche et qu'il faut, par conséquent, parfois les ajouter pour les raisons exposées ci-avant ;

- Le magasin de termes est présent dans le schéma de recherche mais qu'il faut appeler certaines colonnes pointant sur certains ensembles de termes comme colonne « affinable » pour ajouter un filtre pertinent dans une page de résultats de recherche (expérience classique uniquement)...

... on a, par conséquent, besoin de gérer le schéma de recherche.

Au regard des fonctionnalités de SharePoint, qui possède les autorisations pour assurer cette partie de la gouvernance de la pertinence ?

En fait, les administrateurs de collection de sites et les utilisateurs disposant de l'autorisation « Gérer le site » peuvent accéder à la page de paramètres de site appelée « Schéma » mais ils y accèdent seulement en lecture : c'est uniquement l'administrateur SharePoint Online (*via* le centre d'administration classique) ou l'administrateur SharePoint Serveur qui gère le schéma sur SharePoint Serveur ; l'administrateur trouve le schéma sur la page « Manage Service Applications » puis en cliquant sur [Manage Search Application].

Le respect de la conformité

Avant de conclure le sujet de la gouvernance en évoquant les différences en passant « de SharePoint à Microsoft Teams », j'achève ce tome par la gouvernance des contenus en posant la question toute légitime du respect des règles de conformité qui s'appliquent à votre organisation :

- Les contraintes de type exogène, soit le cadre réglementaire et légal, avant toute chose ;

- Mais également les éventuelles règles internes à votre l'organisation, lesquelles visent à définir et organiser des bonnes pratiques pour gérer des cycles de vie documentaires.

Respecter ces règles ne correspond pas à une obligation récente. Prenons le cadre réglementaire et légal : ces règles sont généralement antérieures à l'introduction, à grande échelle, de la bureautique au sein des organisations : ainsi, les Français aiment rappeler que le règlement général sur la protection des données, ainsi que la directive relative à la protection des données à caractère personnel à des fins répressives, adoptés le 14 avril 2016 par le Parlement européen pour une fin de période de mise en application le 25 mai 2018, ne sont qu'une réplique plus forte (une menace financière lourde) et à l'échelle européenne, de dispositions cadrées en France initialement par la loi 78-17 Informatique et libertés du 6 janvier 1978. En termes de rôle, le règlement européen a introduit le rôle du Data Privacy Officer au sein des organisations, lesquelles n'avaient généralement pas clairement attribué de rôle de garant du respect de la conformité : hormis en Allemagne, en Suède et aux Pays-Bas depuis les années 1970, ce sont parfois des Compliance managers, des RSSI, des juristes d'entreprise, des archivistes, des responsables des directions « Métier » qui se trouvaient plus ou moins engagés au quotidien dans une gouvernance des contenus pour laquelle le dirigeant de l'organisation est généralement le seul à pourtant encourir des poursuites judiciaires.

Après avoir intégré le cadre légal dans sa politique de respect de la conformité, les organisations peuvent avoir décidé d'appliquer des règles complémentaires pour introduire des cycles de vie documentaires, de manière à veiller à lutter contre l'infobésité. Le phénomène de l'infobésité introduit des problèmes de stockage (même si le coût de l'octet stocké ne cesse de baisser) et de pertinence vus auparavant car les utilisateurs ont une tendance effreinée à vouloir conserver leurs informations, cultivant ainsi une profonde dépendance à l'information :

- On ne retrouvait pas ce que l'on recherchait, il n'y a pas encore si longtemps en dehors de notre SharePoint et de notre OneDrive ;

- Nous recherchons l'information qui confirme l'information que nous avons trouvée ;

- Nous collectionnons de l'information pour démontrer notre engagement envers la compétence et la connaissance ;

- Nous utilisons l'information comme monnaie d'échange ;

- Nous conservons de l'information au cas où...

Pour les organisations, la lutte contre l'infobésité est un objectif qui se complexifie de façon évidente lorsqu'elle doit prendre en compte le souci d'alimenter leur patrimoine informationnel « pertinent ».

Pourtant les solutions existent et je vais vous présenter ci-après les fonctionnalités de SharePoint qui vont vous permettre de mettre en place une politique de respect de la conformité :

- De façon proactive,

- De façon réactive.

Mettre en place une politique de respect de la conformité de façon proactive

Il existe des fonctionnalités de SharePoint qui vont vous permettre de mettre en place une politique de respect de la conformité de façon proactive selon deux configurations :

- Décentralisée, au sein d'une collection de sites donnée,
- Centralisée, « au-dessus » des collections de sites.

DISPOSITIF PROACTIF ET DÉCENTRALISÉ

Je présente ci-après les fonctionnalités de SharePoint permettant de mettre en place une politique de respect de la conformité de façon proactive et centralisée, gérées au niveau d'une collection de sites :

- Définir et appliquer des stratégies de site ;
- Appliquer des étapes de rétention sur des documents.

Définir et appliquer des stratégie de sites

Comme vu, dans la section« Suivre l'activité dans les espaces de contribution », l'administrateur de collections de sites SharePoint peut utiliser les rapports de popularité pour surveiller les tendances d'utilisation à l'intérieur de sa collection de sites. SharePoint offre également la possibilité d'être proactif en s'appuyant sur la fonctionnalité de stratégie de sites. Cette fonctionnalité de stratégie de site est très précieuse pour la gouvernance du cycle de vie des espaces collaboratifs de type participatif ou projet, de nature plus éphémère.

Comme indiqué dans le titre de ce paragraphe, utiliser les stratégies de site s'effectue suivant 2 étapes :

1. L'administrateur de collection de sites peut définir des stratégies de fermeture et de suppression de site au niveau de la collection de sites ; dans « Paramètres de site », sous « Administration de la collection de sites », cliquez sur [Stratégies de site] pour créer une stratégie à partir des champs de type Date [Créé] et [Fermé], décider quels paramètres vous souhaitez utiliser pour interagir avec les utilisateurs disposant de l'autorisation « Gérer le site » dans le site dans lequel vous appliquerez la stratégie (envoyer une ou plusieurs notifications par e-mail aux propriétaires du site à un stade particulier avant la suppression, leur laisser la possibilité de reporter la suppression du site de la durée que vous aurez décidée, si la collection de sites passe ensuite en lecture seule) ;

2. L'administrateur de collection de sites mais également les utilisateurs disposant de l'autorisation « Gérer le site » peuvent appliquer une stratégie au niveau d'un site donné ; une fois qu'une stratégie est appliquée, il est possible pour eux d'anticiper et de fermer le site immédiatement, de faire le report à la date ultérieure autorisée par la stratégie qui s'applique et de changer de stratégie.

À la date indiquée :

- Le site fermé se voit juste affublé d'un bandeau d'informations affichant la fermeture effective du site (sans limitation d'utilisation supplémentaire) et la date de suppression programmée ;

- Le site supprimé, composé de son contenu et de ses éléments, se voit naturellement rejoindre la corbeille de collections de sites dans laquelle la stratégie de suppression s'applique (la corbeille de l'administrateur de collections de sites, que je vais vous présenter ci-après). Si vous êtes en environnement SharePoint Serveur et que vous utilisez la fonctionnalité de boîte aux lettres de site, la fonctionnalité de stratégie de sites s'appliquera au niveau du site mais également à la boîte aux lettres de site associée.

Comme vous l'aurez compris, la stratégie de sites fait partie du dispositif proactif et décentralisé parce que cette fonctionnalité ne peut se voir appliquée qu'au niveau des sites d'une collection de site donnée. Et pour Ms Teams, me direz-vous ? Allez-vous devoir passer sur chacune de ces collections de sites, pour vous attribuer les droits d'administrateur de collections de site pour créer et appliquer des stratégies de site sur le site parent d'un Ms Teams ? Le principe de conception de solution sur lequel repose la simplicité de la gouvernance des utilisateurs de Microsoft Teams étant « 1 collection de sites par groupe de travail », cette fonctionnalité de stratégie de sites devient caduque et Microsoft n'a pas mis à disposition cette fonctionnalité au niveau des collections de sites sur le centre d'administration de SharePoint Online…

Pas encore ? Pour l'instant, je ne sais pas quoi répondre. Même si je vous présente ci-après d'autres fonctionnalités proposées pour gérer le cycle de vie des contenus, cette fonctionnalité serait la bienvenue sur le centre d'administration des collections de sites.

Appliquer des règles de rétention sur les documents gérés au niveau d'une collection de sites

Suivant la logique de ma présentation, je vous présente maintenant d'autres fonctionnalités permettant de garantir la bonne gouvernance des contenus, déployables de façon proactive et décentralisée. Ainsi, au sein d'une collection de site donnée, il est possible de mettre en place une politique d'archivage pour certains documents : les documents « engageants » dont la conformité est édictée par un cadre exogène mais également ceux que votre organisation aura jugés nécessaires de conserver. Il existe ainsi un équilibre à trouver, dans le respect des obligations légales, entre conserver ce qui peut revêtir une valeur informationnelle et supprimer ce qui peut constituer du bruit (ne pas conserver des documents dont la valeur informationnelle est jugée comme n'étant plus suffisante au bout d'un certain délai). Par conséquent, vous devez donc identifier les documents sur lesquels vous voulez voir appliquer des règles de rétention et à quels niveaux appliquer les règles de rétention :

- Sur une APP de type liste ou bibliothèque sur tous les contenus ou sur certains types de contenus ajoutés, par n'importe quel utilisateur possédant l'autorisation « Gérer les listes »[15] ;

- Sur un type de contenu dans la collection de sites[16], par n'importe quel utilisateur possédant l'autorisation « Gérer le site » ; notez au passage que le principe d'héritage s'applique sur les types de contenus entre le site de premier niveau, les sous-sites avant de s'appliquer aux APPs dans lesquelles ils sont déployés (il est donc primordial de bien planifier à quel niveau créer son type de contenu dans la collection de sites).

Les actions de rétention vont vous permettre d'appliquer vos obligations de conservation (durées minimale et/ou maximale) qui sont généralement suivies d'obligation de destruction ; elles se déclenchent à partir d'un champ calculé à partir de n'importe quelle colonne de type [date], gérée par SharePoint (création, dernière modification, mise en enregistrement) mais pas uniquement. Notez que :

- La fonctionnalité de rétention fonctionne également à partir de toute colonne « date » que vous ajouterez ;

- L'action « Passer à l'étape suivante » permet de cumuler des conditions sur les champs [Date].

---

[15] Tome 1 de « Adopter SharePoint sans développer », chapitre 3, page 170.

[16] Tome 1 de « Adopter SharePoint sans développer », chapitre 4, page 231.

Dans un premier temps, vous aurez observé que toutes les actions de rétention ne concernent pas directement notre gouvernance des contenus du point de vue respect de la conformité puisque vous trouverez des actions :

- De suppression de brouillons,
- De suppression de versions précédentes,
- De démarrage de workflow de traitement.

Dans le cadre de notre gouvernance, vous pourrez paramétrer les actions automatiques suivantes :

- La mise en enregistrement sur place de manière à répondre ainsi à une obligation de conservation,
- Le transfert à un autre emplacement, également pour répondre à une obligation de conservation (action sur laquelle je reviens en bas de page),
- La mise en corbeille temporaire, de manière à répondre à une obligation de destruction,
- La suppression immédiate et définitive, également pour répondre à une obligation de destruction.

Les concepts de corbeille et de suppression définitive sont abordés dans un prochain paragraphe.

Parmi cette liste d'actions, le transfert à un autre emplacement vous dicte de déplacer des contenus vers une autre collection de sites, uniquement de type gestion des enregistrements, à l'intérieur de laquelle vous pourrez appliquer une politique d'accès utilisateur adaptée à la donnée conservée. Pour ce faire, vous allez avoir besoin de l'administrateur SharePoint Serveur ou Online qui va permettre la création d'une connexion entre collections de site mais également vous permettre le partage et le déplacement de types de contenus entre collections de sites, deux types de fonctionnalités que je présente dans la section dédiée au dispositif proactif et centralisé.

DISPOSITIF PROACTIF ET CENTRALISÉ

Je présente donc ci-après ces fonctionnalités de SharePoint qui permettent de mettre en place une politique de gouvernance de la conformité des contenus, de façon proactive et centralisée :

- L'utilisation de la fonctionnalité de la rétention sur des types de contenu publiés sur une collection de site de type hub de syndication de types de contenu,

- La création d'une connexion entre collections de sites,

- L'utilisation du modèle de site « Centre de conformité » pour gérer la fin de vie des contenus,

- L'utilisation des étiquettes de rétention et de confidentialité du centre Sécurité et Conformité d'Office 365,

- L'utilisation des fonctionnalités de protection contre la perte de données (DLP, acronyme de l'expression anglaise *Data Loss Protection*, un ensemble de fonctionnalités qui permet d'identifier, de contrôler et de protéger l'information grâce à des techniques de recherche et d'analyses de contenu approfondies) du centre Sécurité et Conformité d'Office 365.

Il y a beaucoup de fonctionnalités disponibles pour mettre en place un dispositif de gouvernance des contenus préventif et centralisé.

À la fin de la page précédente, pour finir le paramétrage de types de contenu « partagés entre collections de sites et transférables vers une collection de site d'enregistrements », j'avais évoqué la nécessité de créer une connexion entre collection de sites et des types de contenus partagés entre collection de sites.

Je vous propose donc de reprendre à ce stade du paramétrage au prochain paragraphe.

<u>L'utilisation de la fonctionnalité de la rétention sur des types de contenu publiés sur une collection de site de type hub de syndication de types de contenu</u>

Dans un scénario de gestion d'archivage (ou de publication) entre collections de sites, vous devez avoir au minimum deux collections de sites :

▪ La collection de sites « concentrateur » qui fournit les types de contenu aux autres collections de sites mais qui peut également utiliser ses propres types de contenu, rendus accessibles par l'administrateur SharePoint Online ou Serveur uniquement à des concepteurs disposant de l'autorisation de gérer le site ;

▪ 1 ou plusieurs autres collections de site « abonnées » qui utilisent les types de contenu publiés depuis le concentrateur, mais qui peuvent également utiliser leurs propres types de contenu, administrables par tout concepteur disposant de l'autorisation de gérer le site.

Pour être une collection de sites « concentrateur », la collection de site hub de type de contenu possède une fonctionnalité de collection de sites que seul l'administrateur de collections de sites peut activer : c'est la fonctionnalité « Concentrateur de syndication de type de contenu » (en anglais, *Content Type Syndication Hub*).

Sur SharePoint Online	Sur SharePoint Online, une collection de sites « concentrateur » est :
	▪ Déjà créée par défaut sur SharePoint Online, à l'adresse …/sites/contentTypeHub ;
	▪ Masquée dans le centre d'administration SharePoint Online.
	Vous pouvez activer d'autres collections de site en tant que hub de type de contenu.

Libre à vous ensuite de donner des droits de gérer le site de premier niveau ou les sous-sites si besoin, à des utilisateurs en charge de gérer les types de contenu de ce hub : assurez-vous que ces utilisateurs sont bien familiers des notions de colonnes de sites, de groupe et d'héritage des types de contenu pour éviter que la gouvernance applicative soit en risque en phase de « Run ».

Sur le hub de type de contenu, des fonctionnalités supplémentaires de gestion de ces types de contenu apparaissent car désormais :

- Vous devez publier le type de contenu lors de sa mise à disposition des autres collections de sites ;

- Vous devez republier le type de contenu à chaque modification ;

- Vous pouvez dépublier le type de contenu, sans pour autant supprimer les contenus qui s'y réfèrent bien entendu.

Comme vous l'avez certainement compris, le hub de type de contenu va permettre deux gains importants dans la mise en place de la gouvernance de vos contenus :

- Les étapes de rétention définies sur un type de contenu géré depuis la collection de sites « hub de type de contenu » deviennent applicables partout où le type de contenu est déployé ; le « hub de type de contenu » peut ainsi centraliser les règles de rétention par type de contenu ;

- Vous allez pouvoir déplacer des types de contenus entre collections de sites sans perdre les métadonnées lors du transfert ; néanmoins, si vous souhaitez déplacer vos types de contenus engageants vers une collection de sites d'enregistrement, l'étape de rétention « Transfert à » requiert la création d'une connexion pour la gestion de ces enregistrements.

La création d'une connexion entre collections de sites

La création d'une connexion entre collections de sites s'effectue depuis le centre d'administration SharePoint par l'administrateur SharePoint Online ou Serveur. Au préalable, vous aurez créé la collection de sites de type Centre des enregistrements puisque vous aurez besoin d'indiquer l'URL de la collection de sites de destination, conclue par /_vti_bin.officialefile.asmx : les contenus seront alors déposés dans la bibliothèque de remise du site de premier niveau, à partir de laquelle vous pourrez définir les règles de routage qui s'appliqueront.

L'administrateur du serveur ou SharePoint Online va créer une connexion :

- Vers une autre collection de sites de type Centre des enregistrements, préalablement créée (comme décrit auparavant),

- Pour permettre la copie de contenu, le simple déplacement ou le déplacement accompagné de la création d'un lien,

- Pour une règle de rétention automatique « Transférer vers un autre emplacement » (paramétrage d'une liste/bibliothèque ou d'un type de contenu) ou une action d'utilisateur « Envoyer vers » (malheureusement, uniquement une fonctionnalité du ruban classique en cette année 2019 !).

<u>L'utilisation du modèle de site Centre de conformité pour gérer la fin de vie des contenus</u>

Cela va vous paraître radical mais le centre de conformité permet de créer des règles de suppression de documents calculées à partir de champs [Date] :

- Gérer des stratégies de suppression de documents après une période de temps donnée ;
- D'appliquer ces règles à une ou plusieurs collections de sites données ou à certains modèles de collection de sites.

⇨ SUR OFFICE 365

Ce modèle de collection de sites est déjà créé sur votre environnement Office 365 et est, par défaut, accessible pour l'administrateur Office 365 ; il nommera alors minimum deux administrateurs de collections de site. En tant qu'administrateur de collections de site, vous pouvez ensuite distribuer les rôles de contribution à des utilisateurs disposant uniquement du niveau d'autorisations permettant de contribuer tout simplement dans trois listes :

- Les stratégies de règles de suppression (corbeille temporaire ou suppression définitive immédiate) sur base d'un calcul additionnant des jours, des semaines ou des dates à partir des colonnes [Créé] ou [Modifié],

- Les attributions de stratégies pour des modèles précis de collections de sites ; dans l'exemple ci-contre, il ne vous aura pas échappé que vous retrouvez tous les modèles de site SharePoint ainsi que les OneDrive !

- Les attributions de stratégies pour des collections de sites précises.

⇨ SUR SHAREPOINT SERVEUR

Le modèle de collection de site « Centre des stratégies de conformité » a fait son apparition avec l'édition SharePoint 2016 Serveur. Comme elle n'est pas créée par défaut, cette collection de sites doit être créée en environnement SharePoint Serveur (2016 ou 2019) par l'administrateur du serveur SharePoint. Comme sur Online, le modèle possède une section permettant de mettre en place ces règles de destruction basées sur des dates, tout en veillant à appliquer des règles de prévention de perte de données (DLP), mais par défaut, uniquement américaines et anglaises.

Ce modèle de collection de site est également accompagné d'un autre modèle : le « Centre de conservation inaltérable » (*In-Place Hold Policy Center* en anglais) permet de gérer des règles qui visent à protéger les éléments sur une période de temps déterminée (création de règles à partir des colonnes [Créé] ou [Modifié]) et des règles de filtre ! En toute logique, ces règles sont supérieures aux règles de suppression du Centre des stratégies de conformité.

La section DLP du site « Centre des stratégies de conformité » et le site « Centre de conservation inaltérable » n'existent pas sur SharePoint Online car ce sont des fonctionnalités déployées dans le centre de Conformité et de Sécurité d'Office 365 : elles y ont été à la fois largement simplifiées (Microsoft a mis un point d'orgue à rendre l'interface de paramétrage la plus simplifiée possible au travers d'assistants de configuration très bien réalisés) mais également portées à tout l'environnement Office 365 que je vous présente ci-après.

L'utilisation des étiquettes de rétention et de confidentialité du centre Sécurité et
Conformité d'Office 365

Sur SharePoint Online, vous ne pouvez pas créer de collection de sites de type « Centre de
stratégies des conformités », quand bien même le modèle de collection de sites vous est proposé
dans la catégorie Entreprise. Si vous essayez de créer ce modèle de collection de sites sur votre
environnement Office 365, SharePoint va vous informer que vous disposez d'une collection de sites
de ce modèle déjà déployée à l'adresse .../sites/CompliancePolicyCenter. C'est dans ce centre,
accessible par la tuile [Sécurité et conformité] pour l'administrateur Office 365 par défaut, que vous
trouverez un ensemble de fonctionnalités permettant de mettre un dispositif de gouvernance des
contenus proactif et réactif.

Le centre Sécurité et Conformité vient compléter l'organisation de vos données en types de contenu
avec durée de rétention si « engageants » en mettant en place une stratégie de protection contre
les pertes de données (*Data Loss Protection*) et les fuites de données ; il constitue le portail de la
protection des données dans Office 365 pour paramétrer :

- Exchange pour les e-mails,
- Skype/Ms Teams pour les conversations,
- SharePoint, OneDrive, Ms Teams pour les contenus documentaires gérés sur SharePoint.

Toutes les pages de paramétrage se situant dans le menu de navigation gauche ne concernent
donc pas SharePoint (« Gestion des menaces » et « Flux de courrier » concernent Exchange). Prêt
6 mois avant le délai de fin de mise en application du règlement GDPR/RGPD (l'ensemble de
pages « Confidentialité des données » est composé d'un tableau de bord RGPD et d'une page
de traitement des demandes), il est personnalisable et peut vous aider à vous conformer au cadre

réglementaire, juridique et normatif de votre secteur professionnel...

Parmi les fonctionnalités de gouvernance proactives qui nous intéressent dans ce paragraphe, je vous présente maintenant les pages « Classifications » et « Types d'informations sensibles », du centre Sécurité et Conformité.

⇨ LA PAGE « CLASSIFICATIONS »

La page « Classifications » du centre constitue la première étape de notre action de paramétrage : cette page permet de créer deux types d'étiquettes mais ces étiquettes ne sont pas des simples métadonnées car vous allez pouvoir leur associer des règles de gouvernance :

- L'étiquette de rétention permet d'associer des règles de rétention (une période de conservation puis de possibles actions pouvant engager la destruction) à des contenus gérés dans les APPs SharePoint ; lorsqu'un élément est étiqueté en tant que tel, quatre événements se produisent :

  ✓ L'élément ne peut pas être supprimé définitivement ;

  ✓ L'élément ne peut pas être modifié ;

  ✓ L'étiquette ne peut pas être modifiée ;

  ✓ L'étiquette ne peut pas être supprimée.

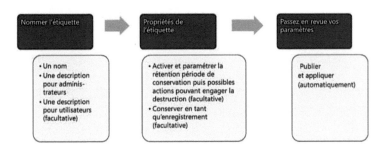

- L'étiquette de diffusion (confidentialité) permet d'associer des règles de partage et de protection de données de type chiffrement, marquage de contenu et étiquetage automatique à partir de types d'informations sensibles, présentées pages suivantes (par défaut, les fonctionnalités de DLP fonctionnent avec Exchange uniquement) ; pour fonctionner avec SharePoint et OneDrive, vous devez activer RMS Azure Right Management, inclus dans votre abonnement à partir de Office 365 E3 ; après avoir activé le DLP, vous pourrez gérer le strict respect des adresses IP de destination, les noms de domaines DNS et des URL déclarées comme appartenant à votre organisation.

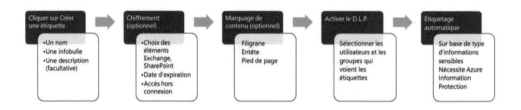

Concernant le chiffrement	Concernant le chiffrement, la technologie utilisée est basée sur des clés asymétriques AES 256 bits, que l'on active *via* RMS (Azure Right Management) qui est un service inclus dans votre abonnement à partir d'Office 365 E3[17]. Lorsque l'on veut utiliser le chiffrement, il est nécessaire de l'activer dans la bibliothèque SharePoint concernée, de manière à ne rendre possible le droit de lire, de modifier et de télécharger que pour les utilisateurs autorisés et connectés à leur compte Office 365 : hors connexion à l'environnement Office 365, la tentative d'ouverture d'une copie téléchargée, n'aboutit qu'à l'ouverture d'un document crypté.

☑ Restreindre les autorisations sur cette bibliothèque lors du téléchargement
Créer un titre de stratégie d'autorisation

CV candidats

Ajouter une description de la stratégie d'autorisation :

Les CV des candidats restent dans l'organisation

---

[17] Pour aller plus loin concernant cette fonctionnalité de chiffrement, consultez la page de la documentation de référence
https://docs.microsoft.com/fr-fr/office365/securitycompliance/office-365-customer-managed-encryption-features

Après avoir créé une étiquette, la seconde étape consiste à la publier en l'associant à une stratégie d'étiquette ; toujours dans le centre Sécurité et Conformité, vous allez pouvoir décider dans quel environnement logiciel d'Office 365 vous souhaitez l'appliquer :

- Les dossiers publics Exchange,
- Les collections de site OneDrive et SharePoint liés ou non à des espaces collaboratifs Ms Teams,
- Les logiciels Office qui ouvriront les fichiers Office contenus dans ces bibliothèques.

Enfin, la dernière étape concerne spécifiquement les sites SharePoint : en effet, il faut désormais appliquer la stratégie d'étiquette dans les bibliothèques-cibles, celles qui conservent des documents sensibles ou engageants. Notez qu'il peut se passer plusieurs heures (parfois jusqu'à une journée) entre votre opération de publication de l'étiquette sur le Centre de Sécurité et de Conformité et la disponibilité effective dans les bibliothèques SharePoint.

Une fois ces étiquettes appliquées, tous les éléments de cette bibliothèque peuvent être soumis aux paramètres de rétention associés des étiquettes : par exemple, si vous appliquez une étiquette qui conserve le contenu pendant 1 an, tous les nouveaux éléments de cette bibliothèque hériteront de l'étiquette et seront conservés pendant 1 an.

Vous pouvez utiliser un des nombreux types d'informations sensibles proposés par défaut par Microsoft, classés par pays/régions du monde, mais vous pouvez également créer votre propre format de données sensibles en indiquant :

- Les éléments de contenu à détecter, sous forme de mots-clés, d'expressions littérales ou d'un « dictionnaire » (un groupe de mots-clés et d'expressions littérales que l'on peut importer à partir d'un fichier texte ou d'un fichier CSV) ; malheureusement, point de magasin de termes SharePoint ici...

- Un nombre signalant la proximité de caractères, lorsque plusieurs éléments de contenu sont recherchés,

- Un indicateur de confiance (de manière à lier certaines actions lorsque la probabilité est plus ou moins élevée).

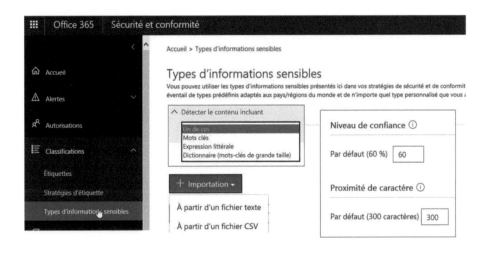

Toutes ces manipulations vous semblent un tantinet d'un nouveau genre ? Remettez-vous bien dans le contexte que le centre Sécurité et Conformité a vocation à couvrir la gouvernance des contenus au-delà de SharePoint : ainsi, beaucoup de termes employés dans l'interface et de nombreuses façons de faire sont empruntés aux principes et mécanismes qui existaient dans les fonctionnalités de protection contre la perte de données d'Exchange. J'en veux, pour exemple, que le concept d'étiquette existait déjà dans de SharePoint (*label* dans la version anglaise), dans la page de paramètres d'APP « Stratégie de gestion des informations » mais il s'agit néanmoins d'un concept différent des étiquettes du centre Sécurité et Conformité. Après la découverte de l'évident intérêt de la découverte de ces puissantes fonctionnalités, certains d'entre vous se demandent alors s'il est possible d'associer une stratégie d'étiquette, non pas à une bibliothèque, mais directement à un type de contenu SharePoint pour justement éviter d'avoir à déployer ces étiquettes dans chacune des bibliothèques concernées ?

Comme les concepteurs du centre Sécurité et Conformité ont pris pour ligne de conduite d'uniformiser ces fonctionnalités de gouvernance selon la façon de faire d'Exchange, vous ne pouvez pas associer « facilement » une étiquette à un type de contenu, lequel pourrait être géré de façon centralisée, par exemple, à partir d'une collection de sites de type Hub de syndication de type de contenu : début 2019, associer une étiquette à un type de contenu est possible mais... en passant par le schéma de recherche[18].

La réponse privilégiée par les concepteurs du centre Sécurité et Conformité s'appelle, encore et toujours, l'ensemble des fonctionnalités de protection contre la perte de données (DLP), abordé au moment de la présentation de l'étiquette, que j'explique plus en détails à la page suivante.

---

[18] Un très beau tutoriel en anglais à cette adresse https://joanneklein.com/2018/01/25/a-sharepoint-content-type-dlp-policy/ ; une traduction française sur www.adopteunsharepoint.com très prochainement ?

L'utilisation des fonctionnalités de protection contre la perte de données (DLP) du centre Sécurité et Conformité d'Office 365

Dans votre dispositif de gouvernance des contenus SharePoint, les fonctionnalités de protection contre la perte de données du centre Sécurité et Conformité d'Office 365 peuvent être très utiles ; comme évoqué plus tôt, ces fonctionnalités sont dérivées des fonctionnalités de protection des informations d'Exchange pour identifier, surveiller et protéger automatiquement les informations sensibles partagées à l'intérieur et/ou en dehors de votre organisation et peuvent s'appliquer dorénavant à OneDrive, SharePoint, Ms Teams...

Utiliser ces fonctionnalités passe par un clic sur le menu de gauche « Protection contre la perte de données » puis sur [Stratégie] ; pour créer une stratégie, il faut indiquer :

1. Un nom, une description et des paramètres d'activation et de priorisation ;

2. Le champ d'application de la stratégie (les sites SharePoint et Ms Teams, OneDrive) avec des règles d'inclusion et d'exclusion ;

3. La définition de la règle décrivant les critères d'identification des données, de surveillance et de protection :

    ✓ Un nom et une description ;

    ✓ Les conditions de la règle (un ou tous les paramètres énoncés), à savoir une étiquette de rétention ou un type d'informations sensibles ;

    ✓ Les éventuelles exceptions ci-contre ;

    ✓ Les actions de protection qui se déclenchent automatiquement à savoir restreindre l'accès à des sites SharePoint, Ms Teams et OneDrive ou chiffrer le contenu (pour Exchange uniquement) ;

- ✓ Définir éventuellement qui avertir lorsque la règle entre en action ;
- ✓ Activer éventuellement l'exemption, la constitution et l'envoi de rapports d'incident par e-mail et les options de priorisation et de correspondance de la règle.

Voici donc un premier aperçu des fonctionnalités de SharePoint et d'Office 365 qui vont vous permettre de mettre en place un dispositif de gouvernance des contenus proactif, nécessitant par conséquent une analyse de risque sur la sécurité et la conformité « en amont ». Depuis trop longtemps, la bureautique a été considérée - et à juste titre - comme gérant de la donnée non structurée et les fonctionnalités de DLP d'Exchange constituaient l'arbre qui cachait la forêt des possibles failles de sécurité concernant la fuite de ces données parfois sensibles : types de contenu de SharePoint, règles de destruction et de rétention de SharePoint, étiquettes de rétention et de diffusion du centre Sécurité et Conformité, stratégie de protection contre la perte de données sur base d'étiquette ou de type de données sensibles sont autant de fonctionnalités qui doivent permettre aux collaborateurs en charge de la conformité et du gestion de la connaissance de se pencher sur la gestion des données de la bureautique : ils vont ainsi être en mesure de (ré)édicter des règles directrices en conformité du système avec les règles générales au niveau du respect des standards, de l'horizon d'application et la stratégie définie autour de la gouvernance de l'information. Après avoir cartographié les données et processus à risque, ils pourront utiliser le centre Sécurité et Conformité pour mettre en place et suivre l'application de ses plans d'action visant à sécuriser les accès, chiffrer voire anonymiser les données de manière à gérer les risques en connaissance de cause. Si ce travail vous apparaît trop titanesque pour être réalisé par un seul homme, sachez que SharePoint et Office 365 permettent de mettre en place un dispositif qui va se gérer en équipe, en associant des parties prenantes de l'informatique et des « métiers », permettent ainsi de déléguer bon nombre de rôles impliqués dans cette gouvernance des contenus. Je vais vous présenter les possibles délégations de fonctionnalités qui existent sur le centre Sécurité et conformité, des « groupes de rôles », prédéfinis et modifiables que l'on peut attribuer à des utilisateurs de façon nominative, depuis la page « Autorisations ».

L'utilisation des fonctionnalités de gestion des autorisations du centre Sécurité et Conformité d'Office 365

Comme son nom l'indique, la page « Autorisations » permet d'attribuer des autorisations à des membres de votre organisation afin qu'ils puissent effectuer des tâches dans le centre de Sécurité et Conformité. De façon prédéfinie, il existe dans le centre Sécurité et Conformité des groupes de rôles et des rôles, à l'instar des niveaux d'autorisations et des autorisations individuelles de SharePoint. D'une manière fort similaire, vous pouvez modifier un groupe de rôles en attribuant de 1 à n rôles, chacun pouvant contenir un panachage de 1 à n autorisations individuelles[19]. Dans un second temps, vous invitez des utilisateurs en tant que membres du groupe de rôles. Bien que vous puissiez utiliser cette page pour attribuer des autorisations pour la plupart des fonctionnalités à cet emplacement, vous devrez également reporter vous-mêmes un certain nombre d'autorisations sur les centres d'administration Exchange et SharePoint. Je vous présente maintenant les fonctionnalités qui vous permettront le respect de la conformité de façon réactive.

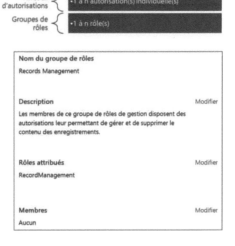

---

[19] Comme il serait trop long et fastidieux de vous lister quels groupes de rôles ont le droit de faire quoi dans le centre Sécurité et conformité, je vous invite à consulter la page de documentation officielle https://docs.microsoft.com/fr-fr/office365/securitycompliance/permissions-in-the-security-and-compliance-center

Mettre en place une politique de respect de la conformité de façon réactive

Comme pour la section précédente, la gouvernance des contenus de façon réactive va aussi vous être présentée suivant un dispositif décentralisé puis suivant un dispositif centralisé.

DISPOSITIF RÉACTIF ET DÉCENTRALISÉ

Même si j'ai commencé à vous convaincre à la fin de la section précédente qu'il fallait penser et organiser la gouvernance des contenus en amont, bon nombre de tâches « en réaction » font partie de la gouvernance des contenus :

- Vous allez peut-être vous dire que j'aurais dû commencer par là car je vais évoquer la gestion des corbeilles ;

- Je vais ensuite évoquer cet ensemble de fonctionnalités brièvement évoqué dans la section consacrée à la gouvernance des utilisateurs appelée « Rapports d'audit » ;

Comme pour la gestion des corbeilles, les rapports d'audit sont à la portée des administrateurs de collections de sites, personnage central de la gouvernance des contenus réactive et décentralisée.

La restauration de bibliothèque sur SharePoint Online	Avant d'aborder la gestion des corbeilles et des rapports d'audit, il est apparu, au printemps 2019, la fonctionnalité de restauration de bibliothèque sur une période de 30 jours maximum, pour un propriétaire de site, dans le ruban de paramètre d'une bibliothèque « Modern ».

La gestion des corbeilles

Savez-vous que la gestion de la corbeille d'un site repose sur 3 scénarios utilisateur :

1. Que vous soyez un propriétaire de site, auquel on a laissé associer le niveau d'autorisations

« Contrôle total », en tant qu'utilisateur ne disposant pas de la gestion du site, vous n'accéderez qu'à votre corbeille personnelle, en passant par :

- La barre de navigation (expérience « Modern »),

- Le contenu du site (expérience classique mais vous pouvez vous inspirer de l'expérience « Modern » en ajoutant vous-même un lien plus facile d'accès pour vos utilisateurs).

2. Sur SharePoint Online (sur SharePoint serveur, c'est une option à configurer sur le centre d'administration centrale), en tant qu'utilisateur administrant le site (par défaut, les membres du groupe « propriétaire »), vous trouverez dans votre corbeille non seulement les éléments que vous avez supprimés mais également les éléments de site supprimés par tout le monde, avant qu'ils ne soient déversés dans une corbeille de second niveau, manuellement par leur utilisateur ou automatiquement après 30 jours. Notez qu'il n'est possible de restaurer un élément mis en corbeille que si et seulement si l'APP (ou le site pour l'administrateur de collection de sites) qui contenait l'élément n'ont pas, eux-mêmes, été supprimés ;

3. Par conséquent, seul l'administrateur de collection de sites accède à la seconde corbeille de collection de sites. Cette corbeille de second niveau, n'est accessible que par l'administrateur de collections de site par le contenu du site ou par la page « Paramètres de sites » sous « Administration de la collection de sites ». Elle contient les éléments supprimés de la première corbeille par tout le monde après avoir été stockés durant 30 jours ou déversés manuellement ; comme vu plus haut, la seconde corbeille contient également les APPs et sous-sites supprimés (pour supprimer une APP, seul un utilisateur disposant de l'autorisation « Gérer les listes » trouvera cette fonctionnalité sur la page « Paramètres » de l'APP et pour supprimer un site, seul un utilisateur disposant de l'autorisation « Gérer le site Web » trouvera cette fonctionnalité sur la page « Paramètres de Site », sous « Actions du site »).

Sur Online, par défaut, les éléments restent actuellement en corbeille, en tout et pour tout, 93 jours alors que sur le centre d'administration centrale de la version Serveur de SharePoint, vous pouvez gérer la valeur de l'espace de corbeille disponible en fonction d'une valeur de quota de stockage et modifier la durée de la conservation des éléments en corbeille de premier niveau.

La troisième corbeille	Il existe une troisième corbeille pour retrouver et restaurer les collections de site supprimées depuis le centre d'administration de SharePoint Serveur ou Online.

Comme seul l'administrateur de la collection de sites accède à la corbeille d'une collection de site (possible de désactiver ce privilège en environnement Serveur), il peut être fortement mis à contribution durant les périodes de congés des collaborateurs. Pour cette raison, j'évoque souvent 3 possibilités pour améliorer la gouvernance des corbeilles (si, si ! Il existe bien une gouvernance des corbeilles, ce paragraphe pour preuve mais évitez d'aborder le sujet de cette manière en réunion !) :

- Supprimer le droit de supprimer, pour certains groupes de contributeurs ;
- Utiliser un workflow d'approbation de destruction ;
- Mettre en place des alertes sur suppression de documents, de manière à être informé de façon immédiate ou périodique[20].

Pour suivre ce qu'il se passe autour des corbeilles, y compris quel administrateur a restauré quel document et à quel moment, SharePoint possède, parmi ses nombreux rapports d'audit, un rapport retraçant toutes les actions de suppression et de restauration dans la collection de sites. Les rapports d'audit, déjà évoqués dans la section concernant la gouvernance des utilisateurs (qui a modifié quel niveau d'autorisation et quelle composition de groupe), existent en nombre assez importants.

---

[20] Tome 1 de « Adopter SharePoint sans développer », chapitre 3, page 154.

Seul l'administrateur de la collection de sites peut activer les rapports d'audit et afficher des rapports du journal d'audit :

1. Cliquer sur [Paramètres] > [Paramètres de site] > [Administration de la collection de sites] > [Paramètres d'audit de la collection de sites] ;

2. Cocher les types de rapports du journal d'audit que vous souhaitez activer.

Sur Online, les rapports d'audit se paramètrent de façon un peu différente depuis le courant de l'année 2018 puisque :

- Les rapports d'audit ne remontent qu'à 90 jours maximum ;

- Il faut désormais indiquer une URL de bibliothèque dans laquelle on va les enregistrer.

Pour générer ces rapports du journal d'audit activés :

1. Cliquer sur [Paramètres] > [Paramètres de site] > [Administration de la collection de sites] > [Rapports du journal d'audit] (sur SharePoint Online, j'ai observé une nouvelle tendance, dans les sites « Modern » de cacher ces rapports ; voici l'URL / layouts/15/Reporting.aspx?Category=Auditing ; nous comprendrons pourquoi à la fin de ce paragraphe) ;

2. Cliquer sur le lien précédé du logo Excel, le logiciel qui présentera les rapports recueillis ; les rapports sont classés en 2 catégories :

- Les éléments de bibliothèques et autres listes, en ligne avec notre gouvernance des contenus

    ✓ Édition,

    ✓ Extraction et ré-archivage ; pour identifier les problèmes de contribution, relevés parfois par ailleurs par les actions de support utilisateur (dans les paramètres d'APP, l'utilisateur qui possède l'autorisation de gérer les listes accède à une liste des fichiers extraits qui sert à identifier les fichiers que « les autres utilisateurs ne voient pas »),

- ✓ Copie et déplacement d'éléments entre APPs et sites,
- ✓ Suppression et restauration d'éléments depuis la corbeille principale.
- ▪ Concernant les sites et les APPs, les rapports d'audit sont aussi instructifs en termes de gouvernance :
  - ✓ Édition de types de contenu et de colonnes (ce rapport concerne, ce que j'appelle plus haut, la gouvernance « applicative », car elle permet de retracer l'historique des modifications de la solution en termes de colonnes et de types de contenu),
  - ✓ Recherche du contenu du site (ne pas oublier que l'administrateur de la collection de sites possède la fonctionnalité « Administration de la collection de sites » – « Rapports de popularité et de recherche » pour obtenir des données préparées sur la recherche),
  - ✓ Le cas échéant, modifications apportées aux paramètres d'audit et événements supprimés du journal d'audit,
  - ✓ Le cas échéant, événements de flux de travail.

Enfin, un administrateur de collections de site peut exécuter un rapport personnalisé à l'aide de ses propres filtres, par exemple sur un utilisateur donné. Contrairement au rapport de popularité (les Web Analytics évoqués dans le paragraphe consacré au suivi de l'activité de nos solutions SharePoint), ces données ne sont absolument pas anonymisées, ce que vous pouvez faire en retraitant ces données comme indiqué ci-après. Mais nous tenons là, à mon sens, une des raisons qui expliquerait que ces rapports d'audit tendent à être cachés dans la « Modern Experience » (la dernière partie de ce chapitre consacré à « De SharePoint à Ms Teams » détaille mon explication).

Retraiter les rapports extraits dans Excel	Pour traiter les données extraites sous forme de fichier Excel (rapports d'audits et rapport d'usage Analytics), il vous faut revoir les fonctionnalités de connectivité et de traitement qui existent entre Excel et SharePoint, présentées au chapitre 8 du tome 2 concernant SharePoint Excel et la Business Intelligence.

Dispositif réactif et centralisé

Nous attaquons ici la dernière partie de la gouvernance des contenus (enfin !), consacrée au dispositif réactif et centralisé ; par conséquent, je vais vous présenter :

- Le modèle de site eDiscovery, déployable sur SharePoint Serveur ;

- Des fonctionnalités du centre d'administration « Modern » de SharePoint Online ;

- Des fonctionnalités du centre Sécurité et Conformité d'Office 365, dont une que l'on peut reproduire, sans développement, en environnement SharePoint Server.

Le site eDiscovery

Si vous connaissez SharePoint depuis déjà quelques années, vous savez que les fonctionnalités de découverte électronique de SharePoint ont fait leur apparition avec l'édition SharePoint 2013 Server qui intégrait le moteur de recherche FAST : à partir de cette édition, vous pouviez créer un « cas de découverte » à partir d'une requête de recherche. Ce modèle de site existe toujours dans les éditions SharePoint serveur 2016 et 2019 mais vous ne pouvez plus en créer dans l'édition Online puisque vous devrez passer désormais par le centre Sécurité et Conformité d'Office 365 pour utiliser ses fonctionnalités. Si vous ne possédez pas une version Office 365, ce modèle de site, classé dans la famille des sites « Entreprise », va vous permettre de reproduire, en partie, les fonctionnalités du centre Sécurité et Conformité d'Office 365. Un utilisateur de ce site peut créer un « cas de découverte électronique » pour mener des recherches, archiver ou exporter du contenu relatif à une requête : il crée une collection de sites qui comprend un site unique avec une bibliothèque de documents, alimentée par les résultats de recherche, exportables à des fins d'enquête interne ou de mise en conformité avec une obligation juridique ou réglementaire.

Le centre d'administration « Modern »

Pour suivre le cycle de vie des collections de site, sur la page « Sites » du nouveau centre d'administration SharePoint « Modern », l'administrateur SharePoint Online a la possibilité d'éditer la liste (filtrable, triable et exportable sous Excel) des collections de sites actives et supprimées (conservées pendant 93 jours).

Le centre Sécurité et Conformité d'Office 365

Le centre Sécurité et conformité possède lui-aussi des fonctionnalités intéressantes dans le cadre d'une gouvernance des contenus SharePoint réactive (et non proactive, comme présentée ci-avant) ; à côté d'une série de pages qui ont essentiellement vocation à être des pages de menus et de publications de tableaux de bord (« Accueil », « Gouvernance des données », « Confidentialité des données »), nous trouvons ainsi un ensemble de pages pour consulter la liste des documents de référence et des rapports de conformité obtenus par Microsoft, par région et par secteur d'activité, sur la page « Certification du service ».

Ainsi, les fonctionnalités présentées ci-dessous sont des produits d'informations plus ou moins directement produits au travers de requêtes de recherche, que vous allez pouvoir configurer pour garantir la bonne gouvernance de vos solutions :

- Nous retrouvons le concept de journal d'audit, lequel s'inspire mais dépasse très largement le concept des rapports d'audit de SharePoint vu dans les pages précédentes ;

- Nous découvrons un puissant moteur de paramétrage d'alerte, lequel dépasse aussi très largement le concept de la fonctionnalité « M'avertir » de SharePoint ;

- Nous découvrons un mécanisme de publication planifiée de rapports.

Le centre Sécurité et conformité d'Office 365 permet non seulement d'appliquer des étiquettes et des règles, comme vu auparavant mais c'est aussi une solution basée sur le moteur de recherche de SharePoint, une « Search-Based Application » possédant la vocation d'un logiciel utilitaire qui vous assistera dans l'exécution d'une stratégie de surveillance de la sécurité et la conformité de vos contenus.

En fonction de ce que trouvera le moteur de recherche, des actions de type événements et destructions pourront se produire en réaction. Entre autres, nous trouvons une page permettant de paramétrer des analyses à la demande, sur base du modèle de site SharePoint eDiscovery, qui existe dans les versions SharePoint Serveur depuis l'édition 2013.

⇨ LE JOURNAL D'AUDIT[21]

Je vous ai présenté plus tôt dans ce livre, ce que pouvait contenir un journal d'audit dans une collection de sites, retraçant dans un fichier Excel différents types d'actions réalisées par les utilisateurs. Dans le menu de gauche du centre Sécurité et Conformité, dans la section « Rechercher », après avoir cliqué sur [Recherche dans le journal d'audit], vous pourrez paramétrer un rapport d'audit comme suit :

- Indiquer la plage de dates ciblée ;
- Choisir une ou plusieurs activités à auditer parmi les catégories suivantes : fichiers et pages, dossiers, demandes d'accès et de partage, synchronisation, autorisations de sites (on dépasse ici le simple cadre de la gouvernance des contenus puisqu'il s'agit bien d'une fonctionnalité en rapport avec la gouvernance des utilisateurs), recherche

---

[21] Fonctionnalité disponible à partir du plan de facturation E3 https://docs.microsoft.com/fr-fr/office365/servicedescriptions/office-365-platform-service-description/office-365-securitycompliance-center

eDiscovery, administration des sites et des Ms Teams pour ne citer que les actions en rapport direct avec le sujet SharePoint et Ms Teams mais vous trouvez des rapports d'audit sur Exchange mais également Stream, Sway, Power BI, Dynamics 365, Azure Active Directory...

- Cibler un ou plusieurs utilisateurs ou groupes d'utilisateurs à partir de l'adresse e-mail ;
- Cibler un emplacement en indiquant l'URL jusqu'au nom de fichier.

Une fois que la requête est lancée, le résultat de recherche vous est présenté sous la forme d'une liste filtrable, toujours exportable au format [.CSV]. Partant de cette requête d'audit, vous pouvez créer une stratégie d'alerte liée à cette requête ; voyons donc maintenant comment fonctionne le système d'alerte du centre Sécurité et conformité.

⇨ LES ALERTES [22]

Les alertes SharePoint correspondent à une fonctionnalité que l'on pouvait réserver au concepteur ou au gestionnaire de la liste, ou déployer auprès des utilisateurs dans les listes et les bibliothèques, pour être informé par e-mail lors d'un changement dans l'APP, de type ajout, modification et suppression d'éléments. Dans le centre Sécurité et Conformité, les alertes vont être utilisées pour répondre à des problématiques de gouvernance des contenus. Dans le menu de gauche, dans la section « Alertes », après avoir cliqué sur [Stratégies d'alerte], on constate que des alertes prédéfinies existent déjà : elles ne sont généralement ni supprimables ni modifiables. Néanmoins,

---

[22] Fonctionnalités disponibles à partir du plan de facturation E3 https://docs.microsoft.com/fr-fr/office365/servicedescriptions/office-365-platform-service-description/office-365-securitycompliance-center

vous pouvez créer votre propre stratégie d'alerte en définissant :

- Le nom, une description, un indice de gravité (faible, moyenne ou élevée) et une catégorie parmi la protection contre la perte de données, la gestion des menaces, la gouvernance des données, les autorisations et les flux de courriers ;

- Les paramètres devant précisément générer l'alerte, parmi une liste de fonctionnalités regroupées en activités courantes de l'utilisateur, activités liées aux fichiers et dossiers, activités de partage de fichiers, événements de synchronisation et enfin, les activités d'administration de sites ;

- Les paramètres de notification par e-mail (facultatif) avec une limitation d'envoi quotidienne.

Pour contrôler le dispositif mis en place a posteriori, vous n'êtes pas obligé d'envisager de créer des alertes dès le démarrage car vous trouverez toute une série de rapports préexistants dans le menu de gauche avec un tableau de bord en ligne et la possibilité de générer des rapports manuellement ou suivant le planning que vous indiquerez.

⇨ eDiscovery[23]

En plus des alertes et du journal d'audit, vous allez trouver dans le menu de gauche du centre Sécurité et conformité, la page « eDiscovery » qui va vous permettre de paramétrer des requêtes de recherche à la demande. Déclinées du modèle de site SharePoint « eDiscovery », ces fonctionnalités trouvent place sur plusieurs pages du centre Sécurité et Conformité (Recherche de contenu, Advanced eDiscovery, Enquêtes...), lesquelles connaissent de fréquentes évolutions et

---

[23] Fonctionnalités disponibles à partir du plan de facturation E3 https://docs.microsoft.com/fr-fr/office365/servicedescriptions/office-365-platform-service-description/office-365-securitycompliance-center

différentes déclinaisons depuis leurs débuts ! Par rapport au modèle de site SharePoint, dans le centre Sécurité et Conformité, le moteur de recherche est en mesure d'appliquer des requêtes sur l'activité interne dans Office 365, après la production du journal d'audit mais ne perdez pas de vue que le périmètre de recherche du centre Sécurité et Conformité ne se limite pas uniquement à l'activité mais qu'il peut vous éclairer sur la conformité des contenus : vous pouvez ainsi appliquer la recherche de contenu de manière à retrouver tout le contenu classé avec cette étiquette de rétention une fois que les étiquettes de rétention sont affectées à certains contenus dans SharePoint, de façon automatique ou par des actions d'utilisateur. Une page spécifique à la conformité vis-à-vis du RGPD. est d'ailleurs déployée sous le menu de gauche « Confidentialité des données » et vous y découvrirez également une fonctionnalité eDiscovery permettant de créer spécifiquement un cas de recherche centré sur une « personne concernée », i.e. le droit d'obtenir une copie de ses données personnelles et d'en obtenir un fichier d'export électronique.

⇨ GESTION DES ENREGISTREMENTS (UNIQUEMENT POUR LES PLANS E5)

Un nouvel ensemble de pages appelé « Gestion des enregistrements » a fait son apparition dans le centre Sécurité et Conformité en 2019 mais uniquement pour les plans E5 : il reprend une grande partie des fonctionnalités des pages « Classifications » et « Types d'informations sensibles » présentées précédemment mais le dispositif est complété par des fonctionnalités de mise en place d'événement et d'actions automatisées comme l'application d'étiquette ou le démarrage d'actions de destruction, basées sur la recherche automatique de contenu et des fonctionnalités inspirées du DLP. Dans le menu de gauche, la section « Gestion des enregistrements » est composée de 3 pages :

- « Plan de gestion de fichiers » va permettre de simplifier l'automatisation et le suivi des opérations de classification, de conservation et de suppression du contenu, de manière à pouvoir apporter d'éventuels ajustements ;

- « Événements » sert à créer une action automatisée à partir d'un déclencheur appelé « Type d'événements » ;

- « Destructions » permet de statuer sur des éléments en instance de destruction définitive.

<u>« Plan de gestion de fichiers »</u>

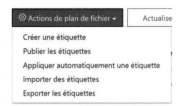

Cette page simplifie la mise en place des étiquettes et des stratégies de rétention et de suppression puisque vous pouvez les créer, publier et appliquer après les avoir importées en masse au travers d'un fichier CSV nommé FilePlanExport.csv. Pour le suivi puis les éventuelles adaptations, sachez qu'il est également possible d'exporter ces listes, toujours au format CSV, ce qui est pratique lorsqu'il s'agit de communiquer votre plan de gouvernance aux parties prenantes.

Ce n'est pas tout puisque la page « Plan de gestion de fichiers » simplifie le suivi des opérations définies dans la section « Classifications » car on y trouve :

- Les listes d'étiquettes et de stratégies actives et inactives, mais avec la possibilité de faire appel à des valeurs prédéfinies et des valeurs de descripteur plus avancées que dans les pages de la section « Classifications » ;

- La liste des documents en attente de destruction finale.

Vous trouvez ainsi des listes d'état très pratiques pour suivre et adapter les paramètres mis en place en amont et c'est là une des raisons pour laquelle j'ai choisi de placer le plan de gestion de fichiers dans la partie « Réactif et centralisé » du dispositif « Respect de la conformité ».

Cet ensemble de pages de « plan de gestion de fichiers » possède également la possibilité de mettre en place des événements, i.e. des actions automatisées de conservation et/ou de destruction (suppression définitive) qui se déclencheront lorsqu'un type d'événement - que vous aurez prédéfini - se produira. Il existe 4 types d'événements qui se déclencheront sur des éléments possédant des étiquettes de rétention :

- À partir de la date d'étiquetage de l'élément,

- À partir de la date de création de l'élément,

- À partir de la date de dernière modification de l'élément,

- Basé sur n'importe quel autre champ date (i.e. la date d'expiration d'un contrat créée, la date de départ d'un collaborateur, une date de clôture d'audit interne, etc.)

Les possibles actions automatisées enclenchées par l'événement sont :

- Bloquer toute action de destruction, pendant un temps donné, lorsque l'on fait face à une obligation de conservation ;

- Lancer une action de destruction, à partir d'un nouveau délai que l'on indiquera, lorsque l'on fait face à une obligation de suppression ; cette action de destruction peut être précédée d'une demande d'approbation de révision. Le réviseur averti par e-mail peut alors :

  ✓ Valider définitivement la destruction de l'élément,

  ✓ Appliquer une étiquette de rétention différente,

  ✓ Prolonger la période de rétention.

Vous pouvez tout à fait assimiler cette dernière fonctionnalité à un flux de travail de révision de destruction et une autre raison pour laquelle j'ai classé ces fonctionnalités en tant que dispositif réactif et centralisé est que toutes ces actions sont bien entendu tracées dans une liste, exportable au format CSV, de manière à contrôler la juste efficacité du dispositif que vous aurez mis en place. On peut tout à fait rapprocher ce dispositif propre centralisé mis en place au centre Sécurité et Conformité d'Office 365 à la mise en place de rapports d'audit sur la mise en archivage et la suppression sur une collection de sites de gestion des enregistrements, en environnement SharePoint Serveur. Dans les pages qui suivent, je vais détailler l'utilisation des rapports d'audit, tels qu'ils ont été portés sur le centre Sécurité et Conformité d'Office 365.

De SharePoint Modern Experience à

Microsoft Teams

DE SHAREPOINT MODERN EXPERIENCE...

Comme je l'ai détaillé dans le tome 2 « De SharePoint à Ms Teams », les sites SharePoint « Modern » se limitent en 2019 à deux nouveaux modèles de site : le site de communication et le site d'équipe qui peut fonctionner avec un espace collaboratif Ms Teams. La sortie d'un troisième modèle de site « Modern », que Microsoft a présenté sous le nom de « home site » (« site d'accueil » en français), est annoncée prochainement.

Deux rappels concernant ces modèles de site « Modern » :

- Seul le site d'équipe « Modern » peut-être déployé comme sous-site (c'est une option) tandis que l'on ne peut pas créer un sous-site de communication ; créer un site de communication implique forcément de créer une nouvelle collection de sites ;

- Le site d'équipe « Modern » peut être associé à un espace collaboratif Ms Teams, dès la création ou par la suite mais uniquement lorsque ce site d'équipe « Modern » est le site racine d'une collection de site d'équipe « Modern ».

Ce sont par conséquent des collections de sites qui sont créées dans le monde « Modern » de SharePoint et je vais donc vous présenter les effets de ce changement de paradigme que constitue de créer des collections de site en self-service au regard de la gouvernance.

Changement de paradigme concernant les sites du monde « Modern » ?

La nouvelle dimension de conception et, par conséquent, de gouvernance, associée à ces solutions « Modern » correspond donc à la règle « 1 collection de sites par groupe de travail ». Disons que porter SharePoint sur Office 365 a ainsi amené Microsoft à faire évoluer le principe de conception « 1 site par groupe de travail » (création de solution site et en sous-site) au bénéfice du principe de de la collection de site « 1 collection de sites par groupe de travail ».

Sur SharePoint Online (la page « Paramètres » de la version classique du centre d'administration uniquement pour l'instant), le paramètre de la création de site depuis la page d'accueil SharePoint est positionné, par défaut, sur « Afficher » (la création de collections de sites en self-service autorisé pour tous les utilisateurs) mais l'administrateur SharePoint Online peut tout à fait choisir la position « Masquer » et, dans ce cas, il peut choisir de publier un formulaire de demande de création de site pour être ensuite en mesure de créer les sites lui-même.

Toujours par défaut, les modèles de site, que peuvent créer les utilisateurs depuis la page SharePoint sur Office 365, sont le nouveau site d'équipe et le site de communication ; par conséquent, les utilisateurs sont invités à créer, non pas des sites, mais des collections de sites sans devoir passer par l'administrateur de collections de sites.

Création de site

Affichez la commande Créer un site sur la page d'accueil SharePoint et dans la liste de sites dans OneDrive de sorte que les utilisateurs puissent créer des sites.

La première option permet aux utilisateurs de créer un site d'équipe connecté à un groupe Office 365 ou un site de communication. Les utilisateurs qui ne sont pas autorisés à créer des groupes Office 365 peuvent quand même créer des sites d'équipe sans groupe Office 365.

La deuxième option permet aux utilisateurs de créer un sous-site d'équipe classique.

Pour les deux options, vous pouvez laisser les utilisateurs créer des sites à partir d'un formulaire personnalisé en entrant l'URL du formulaire. Si vous avez sélectionné la première option, les utilisateurs peuvent accéder au formulaire en

○ Masquer la commande Créer un site
◉ Afficher la commande Créer un site

Lorsque les utilisateurs sélectionnent la commande Créer un site, créer :
○ Un nouveau site d'équipe ou de communication

◉ Un sous-site d'équipe classique

Créer des sites sous :
https://plb4agora.sharepoint.com/ [   ]

Classification du site : [Masqué pour les utilisateurs ▾]
Contact secondaire : [Non obligatoire ▾]

Sur l'écran précédent, il ne vous a peut-être pas échappé que l'administrateur de collections de site a choisi de positionner les paramètres tel que fonctionnait l'« ancien monde » de SharePoint puisqu'il est toujours possible de créer un sous-site d'équipe dans une collection de site d'équipe classique donnée. Avec ce second cas de figure, nous sommes également face à une configuration de création de site en « self-service » pour les utilisateurs depuis la page SharePoint sur Office 365 mais, cette fois, les utilisateurs sont invités à créer, non pas des collections de site, mais un sous-site dans une collection de sites donnée.

Revenons au changement de paradigme. La création d'une « collection de site par groupe de travail » porte l'ambition de simplifier la création d'espaces collaboratifs en mode self-service pour les utilisateurs, en réduisant deux poches de complexité dans la gouvernance des utilisateurs, à savoir :

- La création et l'attribution de niveaux d'autorisations personnalisés,
- La gestion de l'héritage d'autorisations.

Les puissantes fonctionnalités de progiciel, que possède SharePoint pour gérer les autorisations, représentaient parfois un frein au déploiement de sites SharePoint en mode « self-service » dans les environnements Server mais constituaient un handicap encore plus lourd face à de nouvelles solutions Cloud. Depuis le milieu de la décennie 2010, de nombreuses solutions ont ainsi fait leur apparition, en tant qu'outils alternatifs pour améliorer la collaboration, la coordination et la synchronisation du travail en équipe à l'omniprésence écrasante de l'e-mail[24]. Quand on les étudie d'un peu, on s'aperçoit que ces outils de travail collaboratifs concurrents d'Office 365, s'apparentent non pas à un progiciel bureautique comme SharePoint mais apparaissent davantage comme de petits logiciels de groupe, possédant ainsi une gestion des accès simplifiée au strict nécessaire pour un type d'usage plutôt ponctuel.

---

[24] *Cf.* tome 2 de « Adopter SharePoint sans développer »,, chapitre 6, page 56.

La création de site d'équipe « Modern » depuis un autre site d'équipe « Modern »

Toujours dans un but de simplification, une mise à jour de février 2019 sur Office 365 a apporté la possibilité de créer une collection de sites d'équipe « Modern » depuis une page d'accueil d'un site d'équipe « Modern » !

Avec ce changement de paradigme et confortés par l'apparition du concept de site hub[25] pour gérer les collections de sites, beaucoup de consultants SharePoint ont alors entonné que le nouveau monde SharePoint était plat. Ce n'est vrai qu'à la condition suivante : toujours sur la page « Paramètres » de la version classique du centre d'administration SharePoint Online, l'administrateur SharePoint Online doit masquer complètement la création de sous-sites ou ne les autoriser uniquement pour les sites classiques, contrairement au paramètre par défaut ci-dessous.

Création de sous-site

Contrôler si les propriétaires de sites (et les autres utilisateurs autorisés à créer des sites) peuvent créer des sous-sites. Ce paramètre contrôle l'affichage de la commande Sous-site dans le menu Nouveau sur la page Contenu du site.

- ○ Masquer la commande Sous-site
- ○ Afficher la commande Sous-site uniquement pour les sites classiques
- ◉ Afficher la commande Sous-site pour tous les sites

---

[25] *Cf.* tome 2 de « Adopter SharePoint sans développer », chapitre 9, page 342.

Une gouvernance vraiment simplifiée ?

Contourner la gestion de niveaux d'autorisations personnalisés et la gestion de l'héritage d'autorisations a-il réellement permis de simplifier la gestion des autorisations dans une collection de sites « Modern » SharePoint pour un « propriétaire de site » ? Pour autant, est-ce que l'administrateur SharePoint Online peut pour autant dormir sur ses deux oreilles ?

Je vous propose d'examiner ci-dessous les réponses que l'on peut apporter à ces deux questions.

Pour un propriétaire de site

Dans l'expérience « Modern », les concepteurs de la nouvelle interface de gestion des utilisateurs et des autorisations ont cherché à apporter une simplification pour les propriétaires par rapport au monde classique puisqu'il suffit de cliquer sur la roue dentée [Paramètres], puis sur [Autorisations de sites] pour accéder à un bandeau de gestion des autorisations dans le site. Quoiqu'accessible au travers du lien [Paramètres avancés des autorisations] (exemple de gauche dans un site de communication, exemple de droite dans un site d'équipe Modern, avec ou sans Ms Teams lié),

les pages de paramétrage des groupes d'utilisateurs et des autorisations, auxquelles le propriétaire accédait depuis la page des paramètres de site, sont désormais « cachées ». Ces pages sont simplement cachées car les principes sous-jacents à la gouvernance des utilisateurs restent pleinement identiques.

Autorisations du site

Gérez les autorisations du site ou invitez d'autres personnes à collaborer

Partage du site

∧ Propriétaires du site

Frank Poireau
Contrôle total ∨

∧ Membres du site
Aucun

∧ Visiteurs du site
Aucun

Paramètres avancés des autorisations

Autorisations du site

Gérez les autorisations du site ou invitez d'autres personnes à collaborer

Inviter des personnes

∧ Propriétaires du site

Pd   Propriétaires de equipe-sans-team
Contrôle total

∧ Membres du site

eM   Membres de equipe-sans-team
Modification ∨

∧ Visiteurs du site
Aucun

D'autres groupes ou personnes ont des autorisations sur ce site. Pour les afficher, visitez les Paramètres avancés des autorisations.

Comme le propriétaire d'un site d'équipe ne voit pas la composition des différents groupes, le modèle de site d'équipe Modern détaille ainsi les membres du site depuis le lien ⅋ 4 membres inséré au-dessus du bouton [Modifier], dans le haut de la page de site. Cliquer sur [Membres] permet de changer les utilisateurs de groupe, de les supprimer ou d'en ajouter des nouveaux.

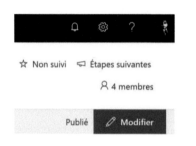

Comme vu plus tôt dans le paragraphe consacré à la gestion des utilisateurs au travers des groupes, je regrette que, pour cette nouvelle génération de modèles de sites collaboratifs, Microsoft n'en ait pas profité pour déprécier l'association Groupe d'utilisateurs « Membres » et niveaux d'autorisations « Modifications » pour « Collaboration ». Microsoft a donc reproduit ce qui me provoquait une gêne[26] compte tenu des effets possibles sur la stabilité applicative et fonctionnelle de l'espace SharePoint, à savoir que les membres des espaces d'équipe peuvent modifier, supprimer des listes et des bibliothèques et que les propriétaires ne gèrent que les paramètres et les accès au site, pas à son contenu ! Or, après cette déception, j'ai été ensuite pris de stupeur lorsque j'ai cherché à corriger ce qui me semble inapproprié ! La raison de ma surprise est la suivante : alors qu'il est possible de modifier le niveau d'autorisations du groupe Membres dans tous les autres modèles de site SharePoint, on constate que la page de paramétrage des autorisations avancées du site parent du modèle Site d'équipe « Modern » ne le permet pas !

---

[26] *Cf.* page 49.

Dans la capture d'écran ci-contre, on voit que la mention « Ce contrôle est actuellement désactivé ». Ne cherchez pas : c'est bien une spécificité de l'interface de paramétrage du site d'équipe « Modern » et non un droit qui vous manquerait. Il existe, en effet, un moyen de modifier les autorisations sur un site d'équipe « Modern » en passant par la commande PowerShell `Set-PnPGroupPermissions`.

Mais vous en conviendrez que cette tâche de gouvernance a de faible chance de revenir au propriétaire du site...

Pour l'administrateur SharePoint Online

Pour l'administrateur SharePoint Online, la mise à disposition de sites collaboratifs SharePoint « Modern » par leurs futurs utilisateurs, directement depuis SharePoint ou *via* la création d'espaces Ms Teams, peut être l'occasion de ne plus devoir le faire directement avec ou sans un formulaire de demande personnalisé.

De plus, si le paramètre de création de sous-site est masqué, l'administrateur de collections de site (rôle qu'il endosse souvent dans les organisations) ou le propriétaire de site ne devront plus gérer des sous-sites dans une collection de sites classique, avec une simplification notable de la gouvernance, provoquée par l'arrêt de la gestion des héritages entre sites parent et enfants...

En revanche, ce que l'administrateur SharePoint Online n'avait certainement pas prévu, c'est que ces nouvelles façons de créer des sites SharePoint d'équipe « Modern » entraînent de nouvelles conséquences, provoquées par le fait que tout propriétaire est dans les faits promu « administrateur de la collection de sites » ! Pour la gouvernance de ces espaces collaboratifs « Modern » ou « Teams », Microsoft a décidé de se baser sur le même principe qu'il applique à la gouvernance d'un OneDrive (cette bibliothèque de documents personnelle hébergée sur une collection de sites SharePoint individuelle !) Pour le vérifier, affichez la page « Autorisations de site » en cliquant sur lien [Paramètres avancés des autorisations] (dans le bas du ruban « Autorisations de site »), depuis laquelle le propriétaire de site peut ainsi accéder à la page listant les administrateurs de collections de sites et vous découvrirez que les propriétaires sont automatiquement promus « Administrateurs de collections de sites » alors qu'on pourrait s'attendre plutôt à retrouver les administrateurs SharePoint Online...

Depuis le début 2018, l'administrateur SharePoint Online a la possibilité de visualiser depuis le centre d'administration « Modern » Experience toutes les collections de site d'équipe « Modern » qui se créent et pour lesquelles il n'a personnellement nommé aucun administrateur de collection de sites, ce qui peut renforcer l'impression des petits lapins nains qui se reproduisent sans contrôle. Pendant longtemps, avant l'édition « Modern » du centre d'administration SharePoint, il fallait se raccrocher au nombre d'Office Groups que l'administrateur Office 365 (ou l'administrateur Azure Active Directory) qui gère les utilisateurs et les Office Groupes que je vais vous présenter ci-après.

Si vous souhaitez juste adopter la solution telle quelle, considérez bien que la gouvernance fonctionnelle et applicative peut en être très affectée : les fonctionnalités d'administration de collections de sites, l'accès à la seconde corbeille, la suppression de la collection de site sont ainsi à la portée de tout utilisateur qui a créé le site Modern, ce qui peut constituer autant de risques en termes de gouvernance sur les contenus chargés sur le site. Comme pour les pages de gestion des utilisateurs et des groupes, d'autres pages d'administration sont masquées alors qu'en tant qu'administrateur de collection de sites, ces utilisateurs possèdent les permissions pour y accéder :

- Ce n'est pas absolument pas gênant pour les pages de popularité (de site et de collections de site) car ces informations sont bien accessibles depuis la page « Contenu de site » en cliquant sur le lien [Utilisation du site] ;
- Il me semble que c'est plus gênant pour les pages liées à la fonctionnalité des rapports d'audit car rappelons que ces rapports ne sont, par essence, absolument pas anonymisés et que leur consultation par « n'importe qui », i.e. sans aucune motivation le justifiant, peut constituer une fonctionnalité allant à l'encontre de dispositions protégeant le salarié au travail (comme la loi française 78-17 Informatique et libertés du 6 janvier 1978 citée plus tôt) ; nous tenons là, à mon sens, la raison principale qui expliquerait que ces rapports d'audit sont cachés dans la « Modern Experience ».

Une autre politique d'autorisations ?	Après la commande PowerShell pour modifier le niveau d'autorisations des membres, vous tenez peut-être là une seconde occasion de « faire scripter » votre politique de gouvernance utilisateurs personnalisée par un développeur, dans une conception de site ou à l'aide de scripts PowerShell.

Comme la nouvelle règle de conception est devenue « 1 collection de sites par groupe de travail », la gouvernance de ces sites « Modern » implique d'offrir des informations « au-dessus » des collections de sites : si vous êtes administrateur SharePoint, vous savez probablement que les Web Analytics ont fait le voyage sur le centre d'administration SharePoint Online « Modern » et l'administrateur SharePoint peut visualiser et exporter les données, au format Excel, les Web Analytics d'utilisation des collections de sites SharePoint (classiques et modernes - dont les Ms Teams - mais également les OneDrive) jusqu'à 180 jours en arrière ; sur le centre d'administration SharePoint Online « Modern », nous avons ainsi les écrans de contrôle idéaux pour mettre en place un dispositif réactif et centralisé de suivi d'utilisation. Reprenant donc l'éclairage des fonctionnalités de SharePoint utiles pour la gouvernance des contenus, le nouveau paradigme « 1 collection de sites pour 1 groupe de travail » a rendu tout naturellement désuète la fonctionnalité de « stratégie de sites », si utile pour mettre en place un dispositif proactif de règles de programmation de fin de vie de sites au sein d'une collection[27]. Cette fonctionnalité SharePoint n'existait pas de façon centralisée sans l'élaboration d'un script personnalisé et face à nos collections de sites, la problématique concernant la gouvernance de ces espaces collaboratifs s'est donc déplacée. Par conséquent, Microsoft a dû porter la fonctionnalité de « stratégie de sites » à un autre niveau dans Office 365.

---

[27] Cf. page 126.

La solution a été portée au niveau du centre d'administration Azure Active Directory sur lequel on trouve une possibilité de mettre une date de fin de vie sur un « Office Group », concept propre à Office 365 que je présente au début de la prochaine section consacrée à Ms Teams.

Le 14 mars 2018 était arrivée, en mode aperçu, la fonctionnalité d'expiration de groupe Office 365 pour une durée minimale de 1 mois : à la date d'expiration, tout était définitivement supprimé en dehors de la collection de site reste dans la corbeille de l'administrateur SharePoint Online pour une durée de 30 jours par défaut. Cela fonctionnait donc que pour les sites d'équipe « Modern » attachés à un Office Group, donc un espace collaboratif Ms Teams...

À l'automne 2019, la page « Groupes – Expiration » propose des fonctionnalités reprises des stratégies de site puisque que l'on retrouve la durée de vie (en jours seulement pour l'instant), l'adresse e-mail de notification pour les groupes sans propriétaire et la possibilité d'activer l'expiration pour tous les groupes ou certains groupes, que l'on pourra lier à la stratégie d'attribution de noms (voici ci-dessous la capture de l'écran au moment où je termine mon livre).

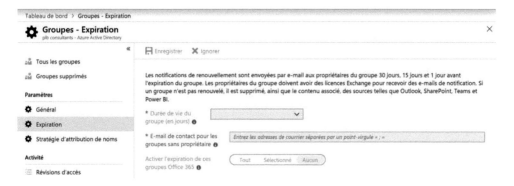

Voyons donc si Ms Teams présente également d'autres fonctionnalités spécifiques intéressant la gouvernance, comme le centre d'administration Ms Teams.

... À Ms Teams

La solution Ms Teams semble arriver dans les organisations selon les meilleurs auspices pour plusieurs raisons :

- Les organisations semblent prêtes à adopter de nouveaux usages collaboratifs, laisser leurs collaborateurs plus matures pour s'éloigner de l'omniprésente messagerie e-mails qui génère tant de comportements sur lesquels j'ai alerté au chapitre 6 du tome 2 « De SharePoint à Ms Teams » ;

- Certaines organisations ont déjà vu l'opportunité de combattre leur « Shadow-IT » car, paradoxalement, Ms Teams est aussi un formidable agrégateur de services Cloud au-delà du monde Microsoft. Ms Teams fonctionne de la façon la plus intégrée avec SharePoint Online (à la création d'un espace collaboratif Ms Teams correspond une collection de sites d'équipe « Modern » vue dans la section précédente) mais peut aussi, si l'administrateur Ms Teams le permet, fonctionner avec des services d'hébergement de type Box, DropBox, Google Drive et votre environnement SharePoint serveur. En ce sens, Ms Teams représente, ainsi, l'occasion formidable d'offrir un cadre d'intégrations entre des logiciels que les organisations ne pouvaient, il y a encore peu de temps, oser imaginer offrir à leurs utilisateurs.

Pour un certain nombre de raisons inhérentes à la qualité de l'expérience utilisateur offerte par Ms Teams, apportant au passage un liant pour une réponse collaborative simplifiée et plus efficace, l'adoption des nouvelles pratiques collaboratives va permettre d'accélérer, de dépasser le stade, parfois expérimental dans le passé, de l'expérience de l'utilisation des sites collaboratifs SharePoint. Avec Ms Teams, lorsque les collaborateurs expriment un besoin de création pour un projet ou une mission spécifique, ils déploient désormais un espace dédié, au lieu d'utiliser leur OneDrive, relégué à une zone personnelle de préparation documentaire, avant les phases de collaboration.

Avec Ms Teams, nous entrons également dans nouvelle ère de la gouvernance :

- La première raison tient au fait que Ms Teams implique d'intégrer la gouvernance des sites SharePoint « Modern » vue dans la section précédente, laquelle a changé le paradigme « 1 collection de sites par groupe de travail » au nom de la simplification des droits d'accès ;

- La seconde raison est que l'esprit de Ms Teams est de faire un pas vers l'espace collaboratif « consumérisé », i.e. personnalisable par les utilisateurs eux-mêmes, sur un modèle conceptuel et de simplicité d'usage proche de ce qu'ils réalisent sur leur téléphone portable personnel depuis quelques années maintenant.

Autant l'adoption de Ms Teams semble revêtir un effet « viral » en faisant l'unanimité auprès des utilisateurs, autant les questions de gouvernance doivent néanmoins interroger les organisations. En effet, n'oublions pas que Ms Teams est une solution collaborative qui se gère non seulement plus que jamais en mode en self-service mais surtout que Microsoft s'est inspiré d'outils grand public possédant généralement des fonctionnalités de gouvernance non adaptées au monde des organisations.

La question à laquelle je me permets de répondre dans cette dernière section est donc la suivante : Qu'en est-il des fonctionnalités offertes par Office 365 pour la gouvernance de Ms Teams ? Dès la

première année de Ms Teams, la gouvernance représentait naturellement déjà un enjeu fort et je vous avoue que j'avais des réserves quant à recommander d'adopter les yeux fermés cette bien belle solution. À l'automne 2017, j'ai ainsi publié, sur mon blog, une série de quatre billets qui listaient les difficultés et les solutions de contournement qui existaient pour administrer

convenablement une solution Ms Teams. Pour les raisons que j'exposais, je craignais que l'on ne dépasse pas ce que l'on constatait parfois lors de déploiements de sites SharePoint en mode self-service, que certaines organisations n'adoptaient SharePoint sur base de scénario collaboratif en mode self-service de façon limitée, uniquement pour les services informatiques, ne dépassant ainsi rarement le côté expérimentation du déploiement en évitant soigneusement d'aller à la rencontre des métiers.

Deux ans après le lancement de Ms Teams, soit des mois après que les impératifs du RGPD ont été intégrés aux fonctionnalités d'Office 365, cette section me permet de vous exposer en quoi la gouvernance d'un Ms Teams va être parfois similaire et parfois différente d'un site SharePoint. Vous verrez qu'une des particularités tient au fait que, la plateforme d'administration Ms Teams n'ayant fait son apparition qu'en août 2018, elle ne regroupe malheureusement pas (encore ?) toutes les informations et les fonctionnalités intéressant à la gouvernance des espaces Ms Teams.

À l'instar des autres logiciels proposés par Office 365, des mises à jour peuvent venir chaque mois l'enrichir fonctionnellement et ainsi réduire le nombre des 6 centres d'administration impliqués ci-après dans la gouvernance des Ms Teams que sont Office 365, Azure Active Directory, Exchange Online, SharePoint Online, Ms Teams et le centre Sécurité et Conformité. Comme vu dans cet ouvrage plus tôt avec la  gouvernance des espaces collaboratifs SharePoint, la gouvernance des Ms Teams pose non seulement la question des accès utilisateurs et de leurs niveaux d'autorisations mais également la question de la gouvernance des contenus en termes de suivi d'activité, de respect de la pertinence et de la conformité., je vous présenterai ce chapitre selon la même structure de réponse à ces questions :

- La gouvernance des utilisateurs,
- La gouvernance des contenus.

La gouvernance des utilisateurs

La gouvernance des utilisateurs dans Ms Teams se pose clairement suivant l'éclairage des espaces collaboratifs en termes d'enjeux et de risques, avec le recul de l'expérience de SharePoint : je vais par conséquent passer en revue les enjeux de gouvernance concernant l'espace Ms Teams et ses utilisateurs en examinant les autorisations de création, de collaboration, d'adaptation et de suppression. Mais avant cela, je ne pouvais traiter le sujet de la gouvernance dans ce livre sans évoquer cette invention qui a simplifié beaucoup de choses dans le Digital WorkSpace Office 365 : le concept d'Office Group sur lequel repose tant d'éléments de réponse aux enjeux de simplification recherchée par Microsoft dans la gouvernance de ces espaces collaboratifs.

Le concept d'Office Group

Comme vous avez pu vous en rendre compte dans les pages précédentes, devoir reconstruire des groupes dans chaque collection de sites pour leur associer les bons niveaux d'autorisation peut paraître fastidieux. Pour simplifier la création des autorisations au niveau d'un Ms Teams mais également au niveau des 3 logiciels sous-jacents (SharePoint, Exchange et Skype), Microsoft a mis en place le concept d'Office Group. Chaque logiciel ne pouvant plus être au centre de la politique d'autorisations, c'est donc Office 365 au travers de l'Office Group qui le devient : que l'Office group soit créé sur Office 365 ou dans une des applications, il existe dans les autres, constituant ainsi le lien entre les applications avec ou sans Ms Teams d'ailleurs. Cela signifie également que si vous supprimez l'Office Group, vous supprimez toutes les applications qui lui sont liées (site SharePoint).

Simple à énoncer ; complexe à mettre en œuvre pour Microsoft, le concept d'Office Group est central dans la gestion du cycle de vie de l'espace MS Teams comme nous allons donc le voir maintenant.

La création d'un espace collaboratif Ms Teams

Pour les utilisateurs qui en possèdent le droit, la procédure de création d'un Ms Teams est très simple mais qui sont donc ces utilisateurs ?

- Par défaut, lorsqu'un utilisateur se voit attribuer une licence utilisateur Office 365, Ms Teams lui est automatiquement fourni et tout utilisateur, à qui l'administrateur Office 365 donne le droit d'accéder à Ms Teams, possède par défaut le droit de créer un Ms Teams. C'est le principe de la création de groupe Yammer que l'on retrouve là ;

- Pour limiter la population d'utilisateurs qui aura le droit de créer des Offices Groups, vous devez accéder à la console d'administration Azure Active Directory (dans l'ensemble de page « Groupes », cliquer sur [Groupes], dans la section « Groupes Office 365 ») ou sur Exchange Online[28].

---

[28] *Cf.* mon billet de blog du 15/11/2017, https://www.adopteunsharepoint.com/single-post/2017/11/14/Gouvernance-et-Office-Goupe-Planner-Microsoft-Ms Teams-EP-2-la-gouvernance-des-utilisateurs.

CRÉER UN MS TEAMS

Sur Office 365, on peut créer un Ms Teams au moyen :

- D'un clic sur le lien [Teams] depuis le lanceur d'application Office 365, si l'administrateur Office 365 vous en a attribué la licence Ms Teams sur la console Office 365 ;

- De la page Outlook Online, en cliquant dans la marge de gauche sur [Créer un Groupe] ;

- De la page SharePoint en créant un site d'équipe moderne (que l'on peut, après coup, décliner en Ms Teams), si et seulement si l'administrateur SharePoint Online a autorisé la création de sites SharePoint d'équipe « Modern » ;

On a connu une phase durant laquelle la création automatique d'un Ms Teams lorsqu'un utilisateur créait un Planner, mais ce temps semble révolu.

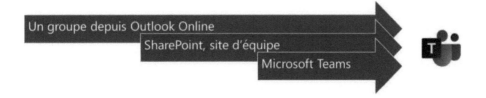

Dans tous ces cas de figure, la page de connexion à Ms Teams va proposer à l'utilisateur d'installer l'APP de bureau Ms Teams : c'est le meilleur choix en termes d'expérience utilisateur car elle inclut toutes les fonctionnalités dont la réunion Vidéo de Skype for Business intégrée.

Une fois l'APP MS Teams installée sur son ordinateur de bureau (en environnement Windows 7 et plus ou Mac OS X et plus), l'utilisateur peut directement créer ses espaces collaboratifs Ms Teams.

Il existe aussi des APPs Ms Teams pour smartphone mais celles-ci ne servent qu'à créer, inviter et collaborer et non à paramétrer un espace MS Team (en juin 2019 du moins).

Dans les 3 interfaces d'utilisation (navigateur Web, APP de bureau, APP de Smartphone), le bouton de création d'un espace collaboratif Ms Teams se situe bizarrement en bas à gauche de l'écran : c'est certainement l'influence de l'expérience utilisateur sur les Smartphones ou sur les tablettes qui a eu raison des autres, PC et navigateur web pour lesquelles le placement de ce bouton peut apparaître comme plus original.

Ensuite, lors de la création d'un Ms Teams, le formulaire présente à l'utilisateur des champs de type « texte » pour nommer l'équipe (obligatoire) et pour apporter une description (facultative), à l'instar des informations demandées lors de la création d'un site SharePoint.

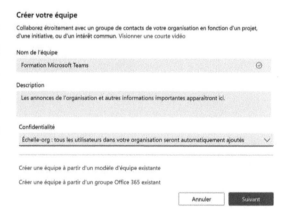

À noter que la convention de nommage de l'équipe créée peut faire l'objet de règles précises, pour faciliter la navigation et la gouvernance : c'est l'administrateur du centre d'administration Azure Active Directory qui depuis l'ensemble de pages « Stratégie d'attribution de noms » peut non seulement bloquer certains mots réservés ou interdits (chargement d'un fichier [.CVS] de maximum 5 000 mots) mais également mettre en place une stratégie de nommage pouvant imposer, au nom de l'équipe saisi par le propriétaire, un préfixe ou un suffixe, absolu (décidé par l'administrateur Azure AD) ou relatif (reprenant les paramètres du propriétaire, présents comme attributs Azure AD [Department], [Company], [Office], [StateOrProvince], [CountryOrRegion][29] ...

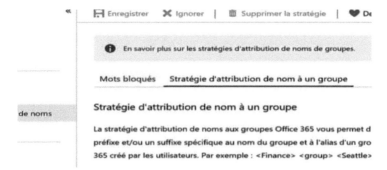

Dans un troisième champ, il est enfin demandé à l'utilisateur de sélectionner la portée de confidentialité de cet espace parmi les choix listés ci-dessous.

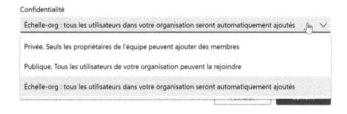

---

[29] *Cf.* la page de la documentation officielle : https://docs.microsoft.com/fr-fr/azure/active-directory/users-groups-roles/groups-naming-policy

Si l'espace Ms Teams est privé, il n'y aura point de visiteurs et il n'apparaît pas dans la navigation ou dans la recherche. Seuls les propriétaires peuvent ajouter des membres (le propriétaire peut devoir statuer sur des demandes d'accès en attente car il existe le mécanisme équivalent à la fonctionnalité d'autoriser la demande d'accès que nous trouvons au niveau d'un site SharePoint[30]).

A contrario, si le Ms Teams est public, il est visible de partout et tout le monde peut accéder à cet espace Ms Teams et son espace SharePoint associé, sans l'approbation du propriétaire.

Enfin, seul l'administrateur général d'Office 365 a la possibilité de créer un Ms Teams « Échelle-org » pour tous les utilisateurs de l'organisation ; le type de confidentialité « Échelle-org » (i.e. que vous pouvez traduire « à l'échelle de l'ensemble de votre organisation ») semble être la réponse à la disparition du flux d'actualités des Tenants Office 365 le 30 juin 2018[31], ce qui constitue, à mon goût, une bien faible compensation au recul des fonctionnalités du réseau social de SharePoint : nous n'avons plus ni la recherche dans les profils, ni la possibilité de créer des #balises de discussions, ni la possibilité de suivre un document ou une personne. Souhaitons que le meilleur reste à venir certainement avec Ms Teams ! Pour un utilisateur qui a créé un espace collaboratif Ms Teams, il est possible de modifier, par la suite, les paramètres de gestion de la confidentialité, comme je vous le présente dans le paragraphe suivant, consacré à la gestion des « équipiers ».

---

[30] *Cf.* page 47.

[31] *Cf.* tome 2 de « Adopter SharePoint sans développer », chapitre 6, page 29.

La gestion des « équipiers »

Ce paragraphe consacré à la gestion des « équipiers » concerne la gestion des utilisateurs et de leurs autorisations dans l'espace Ms Teams créé. Est-ce que cette gestion des équipiers est proche de ce qui est en place dans SharePoint ? Microsoft a ambitionné de simplifier à l'extrême la gestion des « équipiers » dans Ms Teams et on peut dire que cela semble réussi.

LA GESTION DES UTILISATEURS ET DE LEURS AUTORISATIONS

Le choix des équipiers et la définition de leurs autorisations peuvent s'effectuer dès la création de l'espace Ms Teams. Pour ce faire, l'utilisateur qui crée un Ms Teams :

1. Saisit le nom d'un utilisateur ou d'un groupe Office 365,

2. Sélectionne dans quel groupe il ajoute l'utilisateur entre 2 choix : propriétaire ou membre.

Les groupes d'utilisateurs

Comme vu au moment de la création de l'espace Ms Teams, il existerait apparemment 2 groupes d'utilisateur : les propriétaires et les membres. Pour modifier la confidentialité, il suffit à un propriétaire de cliquer sur [Modifier l'équipe] pour sélectionner un autre paramètre de la confidentialité que celui choisi au moment de la création.

Lorsque vous ajoutez des utilisateurs de votre organisation à votre espace d'équipe Ms Teams en saisissant leur nom et prénom, Ms Teams enverra un lien d'invitation sur leur adresse de messagerie mais, pour un Ms Teams à confidentialité publique, vous pouvez également si vous le souhaitez :

- Obtenir l'URL en cliquant sur [Obtenir un lien vers l'équipe] :

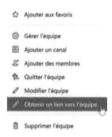

- Obtenir un code d'équipe en cliquant sur [Paramètres], [▸ Code d'équipe] et [Générer] de manière à transmettre le code obtenu à vos utilisateurs Office 365 (cela ne fonctionne pas avec un utilisateur invité) permettant de rejoindre l'équipe, sans que, en tant que propriétaire, vous n'ayez à statuer sur les demandes d'accès.

Tout utilisateur est ensuite entièrement libre de quitter l'équipe.

Techniquement parlant, la gestion des utilisateurs ne se fait pas uniquement sur 2 groupes mais sur 3, lorsqu'il est possible d'inviter des utilisateurs externes. Notez bien que le groupe Invité ne signifie pas pour autant « lecture » mais bien « utilisateur externe », qui possédera alors des droits de modification que je vais vous présenter ci-après.

Autoriser les utilisateurs externes	La possibilité d'autoriser ou d'interdire l'invitation d'utilisateurs externes à l'organisation s'effectue pour tous les Ms Teams du Tenant, sous l'autorité de l'administrateur Ms Teams depuis le centre d'administration Ms Teams que je présente dans la prochaine section.

Par rapport à SharePoint, la solution Ms Teams est bien plus simplifiée car elle ne fonctionne que sur 3 groupes au maximum. Mais l'effort de simplification est plus impressionnant encore lorsque que l'on compare comment fonctionne les niveaux d'autorisations de Ms Teams avec ceux de SharePoint.

La gestion des autorisations

L'effort de simplification de la gestion des autorisations passe par une nouvelle règle de gestion : chaque groupe d'utilisateur n'est désormais associé qu'à un seul niveau d'autorisations, composé d'un nombre d'autorisations individuelles limitées :

- Le niveau d'autorisation associé au groupe Propriétaire n'est pas « panachable », à l'instar du couple propriétaire/contrôle total que l'on trouve, par défaut, sur SharePoint ; le niveau d'autorisation associé au groupe Propriétaire possède les autorisations des membres, détaillées ci-dessous, en plus des privilèges de « propriétaire », à savoir éditer les paramètres du Ms Teams, gérer les membres et leur niveau d'autorisations ;

- Le niveau associé au groupe Membres compte 7 types d'autorisations, toutes attribuées par défaut comme suit :

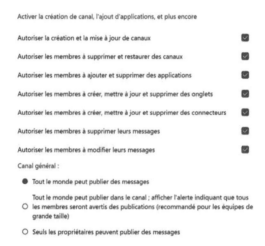

Ce que l'on ne voit pas ci-dessus, parce que ce n'est plus paramétrable comme sur un site SharePoint, c'est qu'un membre peut faire une demande d'ajout de membre en direction d'un propriétaire.

- Enfin, le niveau associé au groupe Invité (forcément un utilisateur externe) compte 2 autorisations, non attribuées par défaut ; en tant qu'invité, je ne peux inviter personne.

Le champ d'application des autorisations

Il ne vous aura pas échappé que le champ d'application des autorisations concerne 5 types d'éléments que je vous présente brièvement ci-dessous : le canal, l'onglet, l'application, le connecteur et le message. Parmi ces éléments, l'onglet, l'application et le connecteur permettent de largement personnaliser la solution et on retrouve là l'esprit d'un espace de travail consumérisé[32].

Modèle de Ms Teams	Il existe des modèles de Ms Teams fournis par Microsoft, pour le secteur public (éducation ou santé...) mais également pour les organisations de vente au détail : ces modèles ont pour particularité de posséder une composition en canaux, onglets et applications différente du modèle de base que je présente ci-dessous.

⇨ LE CANAL

Ms Teams est un « logiciel de groupe conversationnel » qui se gère en « canal » : par défaut, un canal « Général » est déployé dans tout espace Ms Teams mais vous pouvez ajouter de nouveaux canaux, dans lesquels, les utilisateurs disposeront, par défaut, des onglets « Conversations », « Fichiers » et « Wikis » présentés ci-après, ces onglets constituant autant de liens sur des contenus Skype for Business, Outlook et SharePoint, dont Ms Teams se fait l'agrégateur. À ce stade, retenez seulement qu'il n'existe pas encore la possibilité de gérer des permissions sur les canaux mais cela va venir à l'automne 2019 !

---

32 *Cf.* tome 2 de « Adopter SharePoint sans développer », page 367.

⇨ L'ONGLET

Dans chaque canal, trois onglets sont déployés sur le modèle par défaut :

- « Conversations » : le terme Conversations choisi par les concepteurs de Ms Teams rappelle que ce flux est alimenté par la messagerie instantanée « Skype for Business » mais cet onglet « Conversations » permet également de consulter les e-mails reçus sur l'adresse de messagerie de groupe « Outlook » associé au canal et de suivre les notifications d'activités ; c'est également à cet emplacement qu'après avoir ajouté des applications de type « Chatbot », vous pourrez échanger avec des programmes informatiques, futures fenêtres de l'intelligence artificielle d'Office Graph[33] ;

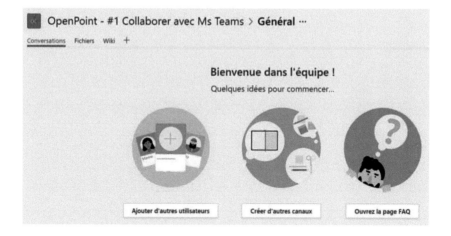

---

[33] *Cf.* tome 2 de « Adopter SharePoint sans développer », chapitre 9 page 355.

- « Fichiers » : les fichiers gérés dans cet onglet sont dans un dossier de la bibliothèque de documents hébergé sur le site SharePoint lié sous-jacent ; il est intéressant de noter qu'à chaque canal est associé un dossier dans la bibliothèque du site SharePoint d'équipe « Modern » lié ; est-ce que la possibilité de gérer prochainement les permissions dans les canaux modifiera ce principe architecture pour évoluer vers une construction « 1 canal = 1 bibliothèque de documents » ? ; enfin, libre à vous de déporter le stockage sur une autre solution Cloud en cliquant sur le bouton de fonctionnalités [+ Ajouter du stockage], si l'administrateur Teams le permet (je reparle de ce point dans la dernière section consacrée à la gouvernance des contenus et au centre d'administration Teams) ;

- « Wiki » : depuis le milieu de 2018, l'onglet wiki est apparu sur le modèle de base ; fonctionnellement, ce wiki propose davantage une expérience utilisateur OneNote plutôt qu'une page SharePoint de type Wiki[34] ; « techniquement », les pages de wiki sont des fichiers de type [.mht], stockés dans l'APP « Teams Wiki Data », visible dans le contenu du site SharePoint sous-jacent ; tout comme pour l'organisation des fichiers dans la bibliothèque de documents, des répertoires classent les pages par canal.

⇨ LES APPLICATIONS

Comme évoqué auparavant, en matière de gestion des autorisations, la gouvernance fonctionnelle rencontre ici la gouvernance applicative, tout simplement parce qu'il est tout à fait possible d'envisager le déploiement d'espaces collaboratifs Ms Teams en libre-service en ajoutant une dimension de personnalisation qui dépasse tout ce que l'on a connu avec SharePoint. On peut ainsi ajouter des applications qui font l'objet de la suite Office 365 (il vous faudra alors veiller à ne pas oublier de donner les droits sur les applications et informations Office 365 comme Power BI, PowerAPPS…) mais si l'administrateur MS Teams le permet, vous pourrez également ajouter des logiciels externes à la suite Office 365. Un puissant cadre de plus de 140 connecteurs permet ainsi, au groupe d'utilisateurs « propriétaire » (voire les membres si vous leur accordez la fonctionnalité

---

[34] *Cf.* tome 2 de « Adopter SharePoint sans développer », chapitre 9, page 206.

« Autoriser les membres à ajouter ou supprimer des applications »), d'ajouter des applications au travers de nouveaux onglets, les applications de type ChatBot trouvant leur place, je le reprécise, sur l'onglet « Conversations ». Bienvenue dans l'ère de l'espace de travail bureautique consumérisé !

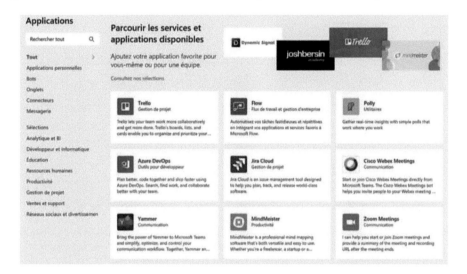

Notez également que les APPs ajoutées ne figurent pas dans l'APP Ms Teams mobile.

La question du choix de laisser les utilisateurs piocher dans l'ensemble du magasin d'applications ou de les limiter aux APPs Office 365 se pose, au carrefour des gouvernances applicative et fonctionnelle, particulièrement en termes de traitement de sécurité de la donnée. Je présente les fonctionnalités du centre d'administration Ms Teams pour gérer le magasin d'application Ms Teams dans la dernière partie consacrée à la gouvernance des contenus, puisqu'indirectement, le sujet de la gouvernance de ces logiciels complémentaires touche la gouvernance de l'information. Avant d'aborder la dernière section de ce livre, consacrée à la gouvernance des contenus, dans laquelle je traiterai de la suppression et de la restauration d'un espace collaboratif Ms Teams, je présente le centre d'administration Ms Teams pour ses fonctionnalités permettant de gérer les utilisateurs.

Le centre d'administration Ms Teams pour gérer les utilisateurs

Microsoft a commencé à déployer courant de l'année 2018 un centre d'administration de Ms Teams. En termes de fonctionnalités, qu'apporte ce centre d'administration à la gouvernance des utilisateurs de Ms Teams, la nouvelle solution phare conçue pour offrir une solution collaborative en « libre-service » ? Comme vu plus tôt dans cet ouvrage, les enjeux de gouvernance de ce type de solution seront de veiller à gérer les accès utilisateurs, le suivi de l'activité et veiller au respect des règles de sécurité et de conformité.

ACCÉDER AU CENTRE D'ADMINISTRATION MS TEAMS

Pour accéder au centre d'administration Ms Teams, l'administrateur général d'Office 365 clique sur la page d'accueil du centre d'administration dans la barre d'outils de gauche sur l'icône des centres d'administration Office 365, puis sur l'icône du centre d'administration Ms Teams. Depuis le centre d'administration Office 365, l'administrateur général d'Office 365 peut attribuer, à tout utilisateur possédant une licence Office 365, le rôle d'administrateur du service Teams. Le rôle d'administrateur du service Ms Teams permet d'accéder aux fonctionnalités présentées ci-après en lien avec notre sujet de la gouvernance des espaces collaboratifs Ms Teams, les autres étant davantage dédiés au paramétrage technique des aspects communication du noyau Skype For Business.

⦿ Administrateur personnalisé
☐ Administrateur de facturation
☐ Administrateur du service Dynamics 365
☐ Approbateur des accès Customer Lockbox
☐ Administrateur Exchange
☐ Helpdesk administrator
☐ Administrateur de licences
☐ Administrateur Skype Entreprise
☐ Lecteur du Centre de messages
☐ Administrateur du service Power BI
☐ Lecteur de rapports
☐ Administrateur de services fédérés
☐ Administrateur SharePoint
☐ Teams communications administrator
☐ Teams communications support engineer
☐ Teams communications support specialist
☑ Administrateur du service Teams

Voyons donc si ce rôle va faire une entrée fracassante dans notre dispositif de gouvernance des utilisateurs.

LES PAGES DU CENTRE D'ADMINISTRATION EN LIEN AVEC LA GOUVERNANCE DES UTILISATEURS

À partir de l'élégante page d'accueil du centre d'administration Ms Teams appelée « Tableau de bord », je vous présente ci-dessous les pages du centre d'administration sélectionnées en lien avec notre sujet de gouvernance des utilisateurs de Ms Teams :

- « Emplacements »,

- « Périphériques »,

- « Équipes »,

- « Utilisateurs »,

- « Paramètres à l'échelle de l'organisation ».

La page « Emplacements »

Dans le menu de gauche, la page « Emplacements » va vous permettre de limiter les emplacements de travail autorisés au sein de votre organisation, au travers des informations d'adressage IP.

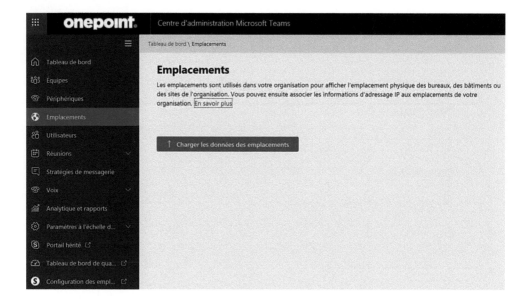

La page « Périphériques »

Dans le menu de gauche, la page « Périphériques » sert à définir les périphériques autorisés à partir desquels vos utilisateurs pourront accéder à leurs espaces collaboratifs Ms Teams.

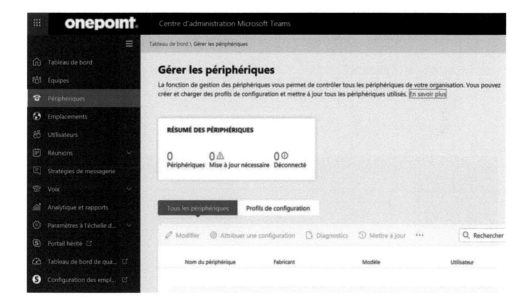

La page « Équipes »

Sous le tableau de bord, la page « Équipes » liste les espaces Ms Teams déployés.

L'administrateur Ms Teams peut, depuis cette page, réaliser un certain nombre d'actions vues au moment de la création :

- Modifier le nom de l'équipe et la description ;

- Sélectionner un autre type de politique de confidentialité ;

- Redéfinir les autorisations liées aux conversations et aux canaux, sachant que les propriétaires peuvent toujours modifier ces paramètres.

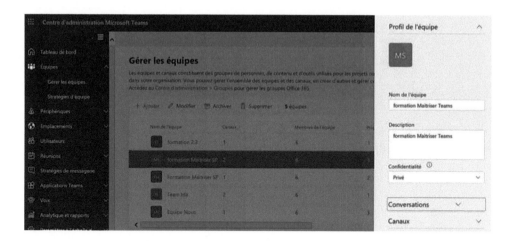

La page « Utilisateurs »

L'administrateur Ms Teams peut également accéder à la page « Utilisateurs » mais ne vous méprenez pas ! Sur cette page, l'administrateur Ms Teams ne peut pas gérer la composition des groupes utilisateurs « Propriétaire » et « Membre » ! La raison est, je vous le rappelle, que ces deux groupes sont en fait des Office Groupes :

- Par conséquent, ni l'administrateur Ms Teams, ni l'administrateur du centre d'administration SharePoint ne peuvent modifier la composition des Offices groupes ;

- Seuls l'administrateur général Office 365 et l'administrateur Azure Active Directory peuvent gérer la composition de ces groupes.

<u>« Paramètres à l'échelle de l'organisation »</u>

« Paramètres à l'échelle de l'organisation » regroupe un ensemble de pages dont deux sont en lien direct avec la gouvernance des utilisateurs de Teams :

- La page « Accès externe »,

- La page « Accès invité ».

⇨ ACCÈS EXTERNE

Le centre d'administration permet les configurations suivantes :

- Activer ou désactiver les accès externes aux utilisateurs Skype Entreprise et Teams,

- Activer ou désactiver les accès externes aux utilisateurs Skype.

La page « Accès externe » permet ainsi de paramétrer les types de connexions externes autorisées concernant les fonctionnalités de réunions et de conférences « Skype avec les solutions « externes », i.e. des Ms Teams « externes » (d'autres « Tenants » Office 365), les solutions Skype for Business et Skype, dont vous pouvez définir précisément les domaines autorisés.

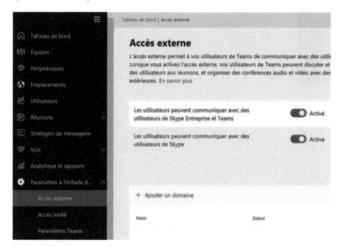

La page « Accès invité » permettent de laisser vos collaborateurs inviter dans Ms Teams des utilisateurs externes, lesquels utiliseront un compte Microsoft ou leur propre compte Office 365 pour accéder. Contrairement à OneDrive, la collaboration avec un visiteur anonyme dans Ms Teams n'est donc pas possible.

Enfin, comme vous pouvez le constater ci-dessous, sur cette page, nous trouvons également le bouton d'activation des appels privés, i.e. hors « équipe », puisque Ms Teams peut vous permettre de passer de simples téléphoniques !

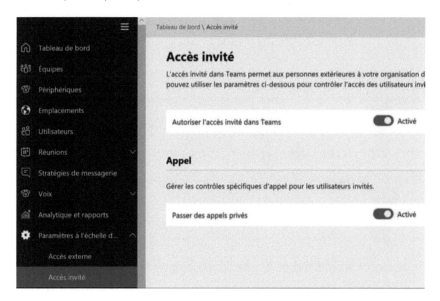

Voici donc ce que permet le centre d'administration Ms Teams en lien avec la gouvernance des utilisateurs au moment où je boucle ce livre (juin 2019). Je vous propose maintenant de passer à la dernière partie de ce livre, consacrée à la gouvernance des contenus dans Ms Teams.

La gouvernance des contenus

Comme évoqué plus tôt, il est vrai qu'avec Ms Teams, vous pouvez déporter le stockage des fichiers sur un service Cloud externe à la solution Office 365 (Google Drive, DropBox et Box) et que, si vous faites ce choix (c'est le paramètre par défaut, que vous pourrez modifier en tant qu'administrateur Ms Teams), vous pouvez directement vous rendre à la conclusion de cet ouvrage car vous ne tirerez pas parti des avantages d'Office 365 qu'apportent aussi bien les fonctionnalités de SharePoint que d'Office 365 en matière de gouvernance des contenus.

Le dispositif de gouvernance des contenus Ms Teams va logiquement s'appuyer sur les fonctionnalités vues dans la partie consacrée à la gouvernance des contenus sur SharePoint. Si vous avez bien suivi le propos transcrit auparavant dans cet ouvrage, vous pouvez logiquement vous poser la question suivante, à savoir s'il y a, dans ce cas, un sujet à part entière concernant la gouvernance des contenus de Ms Teams, puisque ces contenus sont stockés in fine sur SharePoint Online ! La réponse est qu'effectivement, il existe bien quelques différences notables avec la gouvernance des contenus telle que je l'ai décrite jusque-là : ces différences concernent spécifiquement la fin de vie des espaces collaboratifs Ms Teams et des fonctionnalités faisant leur apparition sur le centre d'administration Ms Teams.

Pour cette raison, avant d'entamer la conclusion finale et l'avenir de la gouvernance, l'exercice auquel je me livre dans ces dernières lignes est de vous présenter :

- Quelle partie du dispositif concernant SharePoint et Centre Sécurité et Conformité exposé plus tôt ne peut s'appliquer aux sites SharePoint liés aux espaces collaboratifs Ms Teams ;
- Les prémices des fonctionnalités de gouvernance des contenus présentes sur le centre d'administration Ms Teams.

C'est quasiment l'ensemble du dispositif de gouvernance SharePoint qui va s'appliquer au site SharePoint sous-jacent lié à votre espace collaboratif Ms Teams : Ms Teams est en effet logiquement adossé à Office 365 et aux dispositifs de gouvernance que j'ai détaillés, comme le centre Sécurité et Conformité et le centre d'administration SharePoint.

Le centre Sécurité et Conformité

Comme vu auparavant, le centre Sécurité et Conformité a pour fonction de vous aider à gérer conformément à vos obligations réglementaires et légales, vos contenus (SharePoint, ToDo, OneDrive), vos e-mails (Exchange) et conversations (Skype) dans Ms Teams.

Concernant les contenus SharePoint, le centre sécurité et conformité peut venir compléter une organisation de vos données déployée au travers des durées de rétention sur des types de contenu identifiés comme « engageants » (gérés de façon centralisés sur le Hub de type de contenus ou décentralisés sur des collections de sites particulières).

Comme vous n'êtes plus sans savoir que tout espace collaboratif Ms Teams fonctionne avec une collection de site d'équipe « Modern », il va paraître évident que gérer des types de contenu personnalisés sur des sites déployés en libre-service sera complètement inadapté, sauf si vous investissez dans le développement complémentaire qui vous permettra de gérer vos propres modèles de collections de sites « Modern » liées à vos modèles de Ms Teams

Vos collections de site modélisées pourront contenir vos propres types de contenu ou vos étiquettes de rétention et de confidentialité dans vos bibliothèques-cibles.

En effet, même sans développement, les fonctionnalités du centre de Sécurité et de Conformité, les plus intéressantes qui fonctionnent avec les fichiers SharePoint sous-jacents à vos espaces Ms Teams, ont déjà été présentées, à savoir :

- Les étiquettes de rétention et de confidentialité, configurables *via* la page « Classifications »,

- Les fonctionnalités contre les pertes et les fuites de données définies comme informations sensibles sur les documents dont le champ d'application pourra être Ms Teams tout comme les autres sites SharePoint ou OneDrive. Les actions de protection pourront se déclencher automatiquement à savoir restreindre l'accès à des sites SharePoint liés à des espaces Ms Teams,

- La création de rapports d'audit[35],

- Les enquêtes (« eDiscovery »)[32],

- Les alertes[32],

- La gestion des enregistrements[36].

Ces fonctionnalités ont été présentées sous l'angle de la gouvernance SharePoint mais Ms Teams apporte une dimension fortement conversationnelle à la conversation, ce qui appelle par conséquent d'autres points d'attention dans la gouvernance de ce type d'espaces collaboratifs.

La conséquence est que le centre Sécurité et Conformité permet de gérer ces aspects au travers de fonctionnalités liées à Exchange et Skype...

---

[35] Fonctionnalités disponibles à partir du plan de facturation E3 https://docs.microsoft.com/fr-fr/office365/servicedescriptions/office-365-platform-service-description/office-365-securitycompliance-center.

[36] Fonctionnalités disponibles à partir du plan de facturation E5.

Alors que les modèles classiques de sites d'équipe et projets SharePoint possédaient par défaut un flux de site activé, l'adoption de cette dimension conversationnelle n'a jamais été très forte dans la durée. Couplé à Microsoft Teams, tout site d'équipe « Modern » voit la dimension « ChatWare » (conversationnelle) augmentée avec Skype for Business, désormais intégré dans une seule et unique expérience utilisateur : on peut enfin converser dans un espace collaboratif Microsoft partout, tout le temps et depuis n'importe quel appareil !

Cette montée inexorable du conversationnel, accompagnée de la progression de l'utilisation des espaces collaboratifs avec des tiers extérieurs à l'organisation, change en profondeur la donne : alors que les flux conversationnels de SharePoint ne semblaient pas représenter de risque en termes de fuite de données, avec Ms Teams, un dispositif de gouvernance des contenus échangés dans les canaux Ms Teams vient s'ajouter aux fonctionnalités de sécurité et de conformité de SharePoint et d'Exchange, depuis le centre Sécurité et Conformité.

Le centre Sécurité et Conformité étend ainsi les fonctionnalités contre les pertes et les fuites de données définies comme informations sensibles, la recherche dans les journaux d'audit, les fonctionnalités « eDiscovery » et la conservation légale aux conversations dans les canaux[37].

La page « Surveillance » (sortie courant 2019 de l'ensemble de pages « Gouvernance des données ») permet de sélectionner ou d'exclure les utilisateurs et les groupes dont vous souhaitez passer en revue les communications, i.e. le contenu des courriels mais aussi des canaux de conversations Teams et certaines sources tierces à votre organisation comme Facebook ou DropBox.

---

[37] *Cf.* la page de documentation officielle de Microsoft concernant le dispositif complet du centre Sécurité et Conformité d'Office 365 pour la gouvernance de Ms Teams : https://docs.microsoft.com/fr-fr/microsoftteams/security-compliance-overview.

Il vous rester alors à déterminer :

- Le sens d'écoute (interne et/ou externe-entrant et/ou externe-sortant) ;

- Ajouter des conditions d'exclusion et d'inclusion basées sur des domaines, des adresses, des mots, des étiquettes ;

- Choisir si vous souhaitez utiliser les paramètres de correspondance à des modèles de données considérées comme choquant ou des informations sensibles, prédéfinies par Microsoft ou définies par vous ;

- Définir le pourcentage de l'échantillon ;

- Choisir les utilisateurs ou les groupes chargés de la révision de ces communications.

Après avoir bien paramétré le centre Sécurité et Conformité, la plateforme Ms Teams va commencer à pouvoir s'administrer en self-service, adossée aux règles de votre organisation en matière de gouvernance des utilisateurs et des contenus.

Néanmoins, certaines fonctionnalités du centre d'administration Ms Teams et de SharePoint Online sont également d'importance dans la gouvernance des contenus de Ms Teams.

Le centre d'administration Ms Teams pour gérer les contenus

Le centre d'administration Ms Teams trouve également une petite place dans la partie traitant de la gouvernance des contenus car il existe des fonctionnalités en lien avec celle-ci parmi les pages du centre d'administration :

- Gérer le magasin d'applications à partir de l'ensemble de pages « Applications Teams » ;

- Activer ou désactiver les options de stockage Cloud externes à partir de la page « Paramètres à l'échelle de l'organisation » ;

- Suivre l'activité sur la page « Analytique et rapports » ;

- Archiver un espace Ms Teams depuis la page de la liste des espaces Ms Teams.

GÉRER LE MAGASIN D'APPLICATIONS

En tant qu'administrateur Teams, à la rentrée 2019, vous pouvez :

- Gérer la liste des APPs que vous souhaitez faire apparaître dans le magasin d'applications ;
- Choisir seulement quelles applications figureront par défaut dans le menu de gauche.

Gérer la liste des APPs disponibles dans le magasin

Vous pouvez gérer la liste des APPs que vous souhaitez faire apparaître dans le magasin d'applications, à partir du bouton en haut à droite [Paramètres de l'application à l'échelle de l'organisation], accessible depuis la page Stratégie d'autorisation d'application.

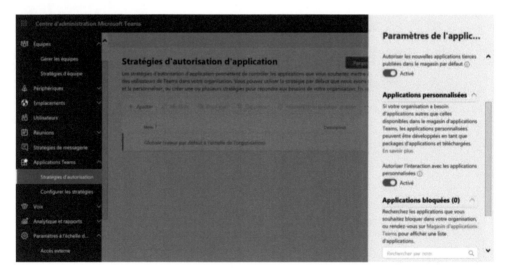

Fin 2019, il est prévu de laisser la possibilité de définir de fines stratégies de mise à disposition d'applications par groupe, i.e. choisir quels utilisateurs pourront ajouter quelles applications dans leurs espaces Ms Teams.

<u>Choisir seulement quelles applications figurent par défaut dans le menu de gauche</u>

Enfin, on peut choisir seulement quelles applications figurent par défaut dans le menu de gauche dans les interfaces navigateur/PC et mobile depuis le magasin d'applications Microsoft en créant une stratégie d'autorisation d'applications dans le centre d'administration Ms Teams

Dans l'exemple ci-contre, le menu de gauche par défaut s'est vu compléter les icônes Appels, Shifts et Planificateur

Pour réaliser cette opération, l'administrateur Ms Teams ajoutera une stratégie de configuration personnalisée depuis la page « Configurer les stratégies », dans l'ensemble de pages « Applications Teams » du centre d'administration Microsoft Teams.

Par PowerShell, il est même possible de lier une stratégie aux utilisateurs d'un groupe donné[38].

---

[38] *Cf.* la page de références dans la documentation officielle de Microsoft : https://docs.microsoft.com/fr-fr/microsoftteams/teams-app-setup-policies.

ACTIVER OU DÉSACTIVER LES OPTIONS DE STOCKAGE CLOUD EXTERNES

L'administrateur Ms Teams peut activer ou désactiver les options de partage et de stockage Cloud externes dans l'onglet « Fichiers », en cliquant sur la page « Paramètres à l'échelle de l'organisation ». Ce paramètre est actif pour tous les espaces collaboratifs Ms Teams du Tenant.

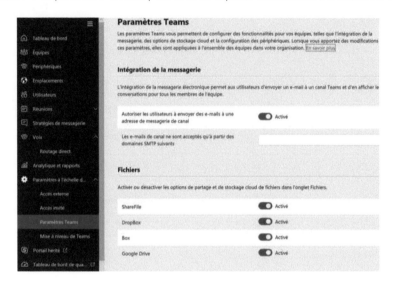

ARCHIVER UN ESPACE TEAMS

Depuis la page « Équipes » affichant la liste des espaces Ms Teams, l'administrateur qui clique sur le bouton [Archiver] se voit prévenu que l'équipe sera retirée de l'utilisation pour ses membres mais qu'il peut, ainsi que les propriétaires continuer à y accéder.

La case à cocher est une option permettant de continuer à donner l'accès en lecture seule aux membres, ce qui n'est pas sans rappeler la même option que propose la stratégie de sites.

Mais s'arrête là la comparaison :

- À l'automne 2019, alors que le mécanisme de la stratégie de sites basé sur des champs [date] a partiellement été repris sur le centre d'administration Azure Active Directory dans la page « expiration » de groupes, il n'aboutit qu'à la suppression des Office Groupes ;
- On ne peut donc pas créer une stratégie d'expiration qui permette d'archiver.

SUIVRE L'ACTIVITÉ SUR LA PAGE « ANALYTIQUE ET RAPPORTS »

Enfin, j'ai choisi de vous montrer la page « Analytique et rapports » qui nous sert de transition avec la conclusion de ce livre : la page « Analytique et rapports », de type utilisation globale et activité par utilisateur, doit normalement vous rappeler une partie des fonctionnalités du centre Sécurité et Conformité.

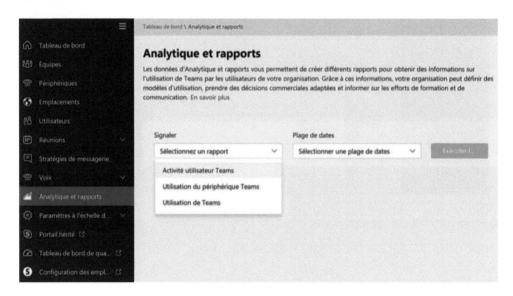

Le suivi de l'utilisation d'espace Teams peut passer par le suivi de l'utilisation des fonctionnalités de Skype pour repérer des activités qui ne seraient pas de l'ordre de la gestion des fichiers, si vous utilisez SharePoint dans vos scénarios d'utilisation de Ms Teams, la gouvernance d'un espace Ms Teams reposant alors sur les fonctionnalités du centre d'administration de SharePoint Online « Modern Experience ».

Le centre d'administration SharePoint Online

Enfin, comme indiqué plus haut, si vous faites le choix logique et naturel d'utiliser SharePoint Online pour gérer vos fichiers dans vos espaces d'équipe, c'est l'administrateur SharePoint qui gère les collections de sites liées aux espaces Ms Teams.

Concernant la gouvernance des contenus, deux sujets sont abordés dans le centre d'administration SharePoint Online :

- La gestion de la corbeille des sites SharePoint sous-jacents à Ms Teams,
- Le suivi de l'activité des SharePoint sous-jacents à Ms Teams.

LA GESTION DE LA CORBEILLE DES SITES SHAREPOINT SOUS-JACENTS À MS TEAMS

Dans la gouvernance des utilisateurs, nous avons vu que :

- Le rôle de propriétaire d'un espace collaboratif Ms Teams existe et qu'il possède ainsi, par défaut, le niveau d'autorisations le plus élevé « Contrôle total » mais que, dans les faits, il est même administrateur de sa collection de sites (comme dans son OneDrive) ;
- Ses autorisations ne sont pas modifiables.

Il possède ainsi tous les droits sur les contenus et peut donc les supprimer, depuis l'espace collaboratif Ms Teams [capture d'écran] mais également depuis le site SharePoint lié sous-jacent, en cliquant sur [Informations sur le site], puis sur le lien [Supprimer le site], en bas de formulaire.

Suppression du groupe Office 365

Vous êtes sur le point de supprimer le groupe « formation Maitriser Teams ». Cette action supprimera toutes les ressources de « formation Maitriser Teams », y compris le site, les fichiers, les conversations, le calendrier, etc. Nous vous conseillons de sauvegarder tous les fichiers ou l'ensemble du contenu avant de continuer. Voulez-vous continuer ?

☐ Oui, supprimer ce groupe et toutes les ressources associées.

Supprimer   Annuler

Un pop-up d'avertissement prévient alors que cette suppression sera définitive : l'Office Group, les conversations, le calendrier seront supprimés, tout comme le site SharePoint.

C'est là que l'administrateur SharePoint Online peut intervenir : il retrouve, dans la page « Sites supprimés », les éléments présents dans la corbeille de collections de site, à savoir tous les types de collections de sites supprimées (on peut relever qu'il n'existe qu'un affichage par défaut que l'on peut personnaliser au niveau des colonnes, des filtres des tris).

Quelques instants après qu'une équipe Ms Teams est supprimée, la collections de sites SharePoint sous-jacente à votre équipe est envoyée dans la corbeille du centre d'administration SharePoint pour 93 jours maximum.

Restauration de groupe Office 365 ✕

Ce site est connecté à un groupe Office 365. La restauration du site entraînera également celle du groupe « Formation Maitriser SP » et des ressources associées, y compris les conversations, le calendrier et le bloc-notes du groupe.

Restaurer   Annuler

Si l'administrateur clique sur le bouton [Restaurer], on constate que l'ensemble de l'Office Groupe et des objets associés peut être restauré.

Le suivi de l'activité des SharePoint sous-jacents à Ms Teams

Dans la page d'accueil du centre d'administration « Modern », l'administrateur SharePoint voit l'activité effective dans les collections de sites, renommées au passage « sites ».

En plus de pouvoir consulter des pages de tableaux de bord, il accède sur la page « Sites actifs » à la liste des collections de sites, laquelle possède des affichages prédéfinis (seules les colonnes sont personnalisables dans ces affichages) et offre la possibilité de créer des affichages personnalisés le choix des colonnes, des filtres et de tris dans des affichages comme pour toute liste « Modern ».

Dans le cadre de la gouvernance, l'affichage « Sites du groupe Office 365 » vous liste les espaces Teams (la colonne [Modèle] filtrée sur la valeur « Site d'équipe » et la colonne [Office Group] filtrée sur « Oui ») et vous trouverez intéressant de consulter périodiquement les valeurs de la colonne [Date de dernière activité] qui reprend la date de dernière modification dans le site.

Conclusion | De quoi l'avenir est fait ?

SharePoint est un progiciel bureautique et, pour cette raison, il est difficile de le comparer à d'autres logiciels : il peut être utilisé comme intranet, espace de publications de référence, plateforme collaborative d'équipe ou en libre-service, avec ou sans Ms Teams.

SharePoint représente, pour votre organisation, l'opportunité d'aller à la recherche de gains de productivité, dans un univers particulièrement déstructuré par la multitude de fichiers bureautiques produits par les utilisateurs, le nombre incessants d'e-mails et de conversations qu'ils doivent échanger pour s'informer et se coordonner.

Ce livre avait ainsi pour but de vous démontrer que toute solution SharePoint a besoin de mettre en place une gouvernance claire qui engagera plus que des personnels informatiques, qui posséderaient les rôles d'administrateur de collection de sites, administrateur SharePoint, administrateur Office 365 ou plus simplement engagés au travers de rôles du centre Sécurité et Conformité. Une solution SharePoint déployée, que vous souhaitez efficace sur la durée, implique non seulement de mettre en place une gouvernance fonctionnelle composée de nombreux rôles imbriqués entre eux, mais également demande d'engager les utilisateurs dans cette gouvernance, lorsqu'il s'agira de faire évoluer, par exemple, les audiences ciblées de l'intranet, les autorisations utilisateurs des espaces collaboratifs, le magasin de termes des référentiels ou les durées de rétention de certaines d'archives...

Il n'y a pas de magie. C'est bien à ce prix-là que le retour sur investissement de la solution pourra être atteint. Par conséquent, il est absolument nécessaire d'instituer une autorité de gouvernance permanente dont la mission principale sera de veiller, pendant la phase de *Run*, au respect des principes imaginés dès le lancement du projet. Ces principes devront avoir été mis en place en connaissance de cause pendant la mise en place du projet, de manière à faire les meilleurs choix pour simplifier la gouvernance au quotidien.

« Gouverner, c'est prévoir ».

Vous comprendrez que cet adage implique une indispensable organisation ; pour chaque application, le dispositif permettra ainsi de s'assurer de donner :

- Au bon moment,
- À la bonne personne,
- Le bon contenu en termes d'instruction (informations, documentation, formation).

Comme certaines actions vont devoir impliquer plusieurs personnes dans plusieurs équipes, nul doute qu'il faille déployer une matrice de responsabilités très précise pour être certain que tout se passe comme prévu. Je n'ai pas trouvé mieux que la méthodologie des responsabilités appelée « RACI » que vous pouvez utiliser aussi bien pour la phase Projet que pour la phase de *Run*. La méthodologie des RACI se base sur une définition des responsabilités des acteurs impliqués :

- R comme Responsable | Le R réalise l'action ; pour chaque action, il faut désigner au moins 1 responsable de la réalisation de l'action ;
- A comme « Accountable » | Le A est celui qui rend des comptes sur l'avancement de l'action (il y a toujours un et un seul A pour chaque action) ; « avoir le A » signifie être chargé de la bonne exécution de ladite action par le R, même si le R ne remplit pas ses objectifs (A peut aussi jouer le rôle de R) ;
- C comme Consulté | Le C est un participant qui doit être consulté en amont de l'action ; sur consultation du A et du R, il donne son avis sur les sujets où il est expert ; un C n'a pas autorité ; c'est le A qui décide de prendre en compte ou non l'avis du C ;
- I comme Informé | Le I est une personne qui doit être informée en aval de l'action ; elle est impactée par le projet, comme un utilisateur, un responsable de projet périphérique...

Chaque action de chaque pan de la gouvernance fonctionnelle vue dans ce livre doit ainsi être attribuée en termes de RACI, tout en s'assurant que la formation et la documentation associées accompagnent effectivement la réalisation de toutes les tâches ! Le travail consiste à mettre en place des matrices de responsabilités en s'adaptant à votre propre organisation et aux règles en place avec cette particularité propre à SharePoint d'impliquer les utilisateurs dans la gouvernance fonctionnelle plus que toute autre solution : la gouvernance de la contribution quotidienne de l'intranet, la gouvernance de la création et de la suppression des Ms Teams, la gouvernance de la pertinence des expériences de recherche sont des sujets à installer de manière permanente dans la vie de l'organisation, pour faciliter l'adoption des solutions qui promettent tant en termes de productivité organisationnelle. Même si le développement de l'offre Cloud a réduit la charge de la gouvernance informatique infrastructure et applicative, la gouvernance fonctionnelle, qui était souvent le parent pauvre de la gouvernance des projets SharePoint, reste plus que jamais d'actualité. Personnellement, j'adore vivre ce genre de mission. SharePoint, progiciel bureautique, promettait ainsi d'organiser la collaboration et d'éviter le chaos dans les serveurs de fichiers et les boîtes e-mails, de retrouver ainsi du temps pour améliorer la communication et la coordination, l'analyse et une pertinente réactivité. Un des nouveaux impératifs pour réussir à parfaire votre transformation bureautique est donc d'accepter que la gouvernance fasse partie des obligations de votre nouvelle démarche d'organisation, mais le sujet peut vous sembler si vaste qu'il peut vous amener à vous poser des questions sur l'opportunité réelle d'adopter de pareils outils, surtout si vous ne choisissez pas Office 365 ! dans ce troisième tome consacré à l'adoption de SharePoint sans développer, j'ai ainsi traité de la gouvernance des espaces de publication et de collaboration qui se doivent d'être irréprochables en termes de gouvernance des contenus vis-à-vis de vos obligations légales ou réglementaires. La gouvernance des données sensibles est un sujet qui aurait pu servir de prétexte aux directions d'organisation pour décider ne pas adopter les nouvelles pratiques collaboratives. Avec le centre Sécurité et Conformité d'Office 365 prédéployé, Microsoft a pris le contre-pied de la montée en puissance du Shadow IT et de ses risques, offrant ainsi aux organisations une formidable occasion de s'attaquer à ce dilemme que certaines organisations se plaisent encore à ignorer. Même si Office 365 apporte un énorme plus par rapport à un environnement Server (sur lequel vous pourrez reproduire ces fonctionnalités, configurer des DLP sur Exchange Server, paramétrer un ou plusieurs centres eDiscovery sur SharePoint Server et ajouter quelques pages personnalisées), le travail de configuration peut vous apparaître très vaste car il demande une vraie stratégie de déploiement en équipe, la prise en compte de la gouvernance faisant tout autant partie des ingrédients de la réussite que la qualité de l'expérience utilisateur. La démarche de mise en place d'une « Digital Factory », telle qu'expliquée dans le tome 2, permet justement de garder un œil sur la mesure de l'adoption tout au long de la vie de la solution. Ensuite, objectivement, je vous l'accorde, nous pouvons nous souhaiter que le nombre de pages de ce livre aille en diminuant lors des prochaines années, quand bien même la tendance du Digital WorkSpace Office 365 est d'aller vers une consumérisation grandissante... Comment faire dans ces conditions ? Grâce à Delve ! Delve et son extension MyAnalytics, présentés dans le tome 2, sont les parties émergées de la plateforme d'analyse de données d'Office 365 appelée Office Graph, un moteur d'analyse à partir de « ce qui se passe sur SharePoint et Exchange ». Office Graph a ainsi pour but d'être un moyen direct et efficace de fournir des informations pertinentes dans l'accomplissement des tâches de chaque utilisateur, grâce à la carte des relations entre collaborateurs mais également avec les fichiers et les données (de BI) utilisés. Aujourd'hui essentiellement basée sur des requêtes et des alertes, la gouvernance trouvera, par conséquent, un intérêt dans l'émergence d'Office Graph ! On peut ainsi imaginer que, demain, l'intelligence artificielle, qui permettra d'extraire des analyses d'Office Graph, prendra forme à travers certains Chatbots, pour assister les multiples parties prenantes à la gouvernance, en fournissant des réponses mais également des suggestions d'action contextualisées et, par conséquent, en simplifiant cette indispensable gouvernance.

TABLE DES MATIÈRES